AF275716

El networker millonario

ALEXANDER HOFFMANN

El networker millonario

*Crea millones a través de conexiones:
estrategias de relaciones humanas en el*
NETWORK MARKETING

EDICIONES OBELISCO

Si este libro le ha interesado y desea que le mantengamos informado
de nuestras publicaciones, escríbanos indicándonos qué temas son de su interés
(Astrología, Autoayuda, Psicología, Artes Marciales, Naturismo,
Espiritualidad, Tradición…) y gustosamente le complaceremos.

Puede consultar nuestro catálogo en www.edicionesobelisco.com

*Los editores no han comprobado la eficacia ni el resultado de las recetas,
productos, fórmulas técnicas, ejercicios o similares contenidos en este libro.
Instan a los lectores a consultar al médico o especialista de la salud ante
cualquier duda que surja. No asumen, por lo tanto, responsabilidad alguna
en cuanto a su utilización ni realizan asesoramiento al respecto.*

Colección Éxito
EL NETWORKER MILLONARIO
Alexander Hoffmann

Título original: *The Millionaire Networker*

1.ª edición: febrero de 2025

Maquetación: *Juan Bejarano*
Corrección: *Sara Moreno*
Diseño de cubierta: *Enrique Iborra*

© 2018, 2025, Alexander Hoffmann
(Reservados todos los derechos)
© 2025, Ediciones Obelisco, S. L.
(Reservados los derechos para la presente edición)

Edita: Ediciones Obelisco, S. L.
Collita, 23-25. Pol. Ind. Molí de la Bastida
08191 Rubí - Barcelona - España
Tel. 93 309 85 25
E-mail: info@edicionesobelisco.com

ISBN: 978-84-1172-246-9
DL B 22677-2024

Impreso en los talleres gráficos de Romanyà/Valls S. A.
Verdaguer, 1 - 08786 Capellades - Barcelona

Printed in Spain

Reservados todos los derechos. Ninguna parte de esta publicación,
incluido el diseño de la cubierta, puede ser reproducida, almacenada,
transmitida o utilizada en manera alguna por ningún medio,
ya sea electrónico, químico, mecánico, óptico, de grabación
o electrográfico, sin el previo consentimiento por escrito del editor.
Diríjase a CEDRO (Centro Español de Derechos Reprográficos, www.cedro.org)
si necesita fotocopiar o escanear algún fragmento de esta obra.

Prefacio

En la vida nos encontramos con personas que impactan nuestras vidas a lo grande. Alex Hoffmann ha sido una de esas personas en mi vida. Tú también vas a ser bendecido por Alex con las palabras que estás a punto de leer. A medida que aplicas las enseñanzas de *El networker millonario,* comienzas tu viaje de crear más riqueza y felicidad de lo que alguna vez creíste posible. Alex comparte no sólo los ingredientes más importantes de una exitosa carrera de Network Marketing, sino que también comparte la fórmula del éxito para la vida.

Conocí a Alex en Hawái en un evento en el que fue reconocido como el constructor de equipos NÚMERO UNO de toda la empresa. En el Network Marketing, la formación de equipos es de lo que se trata. Es la única manera de tener éxito en esta industria. Después de conocer personalmente a Alex, quedó claro por qué estaba teniendo tanto éxito. No sólo es humilde, amable, cariñoso, agradable, genuino, intelectualmente brillante y más que exitoso, sino que también AMA a las personas y a esta industria más que nadie que haya conocido en mi carrera de Network Marketing.

Comencé mi viaje en el Network Marketing como consumidor de productos. Era una enfermera del turno de noche que vivía de cheque en cheque con deudas. Tenía muy poca educación en la industria, no tenía una red de contactos, odiaba la idea de las ventas y pensaba que no había forma de que tuviera tiempo para ocuparme de otra cosa. No entendía los ingresos residuales pasivos ni cómo funcionaba esta industria para crearlos. Después de un poco de aliento de un amigo, comencé mi carrera en la creación de redes con una esperanza y una oración y, como muchos, luché por encontrar algún tipo de impulso en la construcción de mi organización.

No fue hasta que encontré mentores como Alex y estos secretos para un crecimiento extraordinario en el Network Marketing que todo cambió. Mentores como Alex y estos «secretos» me impulsaron a convertirme en una networker millonaria en menos tiempo del que pasé en la universidad. No sólo mi negocio y mi riqueza despegaron, sino que todas las áreas de mi vida personal también mejoraron.

Ya seas un networker experimentado, una persona nueva en su primer año o alguien que está considerando ser parte de la industria, éste es un libro que no sólo querrás leer una vez, sino leerlo una y otra vez para que puedas encarnar los secretos del crecimiento extraordinario en esta increíble industria. A medida que crezcas y expandas tu propio negocio y vida con los principios que se trazan en estos capítulos, podrás ayudar a tu equipo actual y a los futuros miembros del equipo a construir una vida con propósito, libertad, felicidad y riqueza, mientras disfrutas de todos los frutos que esta profesión tiene para ofrecer.

—CASEY PLOUFFE, una millonaria de la red

Introducción

El networker millonario es un título que surge de la profunda comprensión de la importancia del poder de la mente en la búsqueda para convertirse en millonario dentro de esta fascinante y dinámica industria del Network Marketing. A lo largo de mi trayectoria, he tenido la oportunidad de conocer a cientos de millonarios exitosos en este campo, y he notado un patrón claro: ninguno de ellos posee una mentalidad de pobreza. En cambio, todos comparten una mentalidad de riqueza, incluso mucho antes de haber alcanzado su primer millón de dólares. También he observado a otras personas que, aunque cuentan con el mismo entusiasmo, las mismas oportunidades y herramientas a su disposición, están atrapadas en una mentalidad de escasez y pobreza. Ésta es, sin duda, una de las razones fundamentales por las que aún no han logrado su objetivo, y es probable que no lo hagan hasta que realicen un cambio significativo en su mentalidad.

Muchas personas suelen pensar: «Claro, cuando por fin me haga millonario, entonces comenzaré a pensar como ellos, a hablar como ellos, y a comportarme como ellos». Sin embargo, la realidad es absolutamente contraria a esta noción. Es imprescindible comenzar a pensar como un millonario desde el primer momento, trabajar en tu mentalidad y eliminar todos esos paradigmas limitantes de pobreza que están profundamente arraigados en tu mente subconsciente.

Este cambio es un proceso que empieza en la mente. Por ello, este libro da un enfoque particular al primer capítulo, que se dedica exclusivamente a la mentalidad millonaria y a cómo el poder de la mente puede activar esos circuitos positivos necesarios para despertar ese espíritu emprendedor en ti. El primer paso para alcanzar el estatus de millonario es, precisamente, adoptar esa mentalidad millonaria en tu interior y luego traducirla al mundo físico.

Desarrollar una mentalidad millonaria es una tarea que debemos abordar todos los días; no se trata de un cambio que se logra en un solo día, ni tras asistir a un seminario, ni siquiera después de haber leído un libro. Si bien cualquiera de esos eventos puede despertar el deseo de adoptar una nueva mentalidad, es sólo el inicio de un viaje que requiere dedicación y esfuerzo diario. Te puedo asegurar que de todos los millonarios que he tenido el privilegio de conocer, el trabajo real que realizan es mucho más mental que físico. De hecho, la gran mayoría de los millonarios que conozco no nacieron en cuna de oro, sino que forjaron su camino hacia la riqueza dentro de esta industria. Un rasgo común que comparten es que todos, sin excepción, tomaron medidas masivas y sostenidas de manera constante. Ésta es, sin duda, una excelente noticia para ti y para todos aquellos que desean alcanzar el codiciado estatus de millonario. Si estás dispuesto a cultivar una nueva mentalidad y a actuar con la determinación necesaria para convertirte en millonario, también puedes lograrlo.

Desde 1993, he estado involucrado activamente en el fascinante mundo del Network Marketing, y es por esta extensa experiencia por lo que hoy comparto contigo información detallada y valiosa para ayudarte a desarrollar una mentalidad millonaria que se alinee con los principios y el conocimiento de esta industria. Además, te proporcionaré secretos prácticos que te guiarán hacia la extraordinaria libertad financiera que tanto anhelas.

Víctor Frankl, un renombrado psicólogo austríaco que sufrió la experiencia horrorosa de estar en un campo de concentración nazi, expresó una verdad poderosa cuando dijo: «A un hombre se le puede quitar todo, excepto una cosa: la última de las libertades humanas: elegir la actitud de uno en cualquier conjunto dado de circunstancias, elegir su propio camino». Cada ser humano posee la libertad de decidir el significado que da a sus pensamientos y cuáles acciones emprender con base en esa comprensión. Éste es un poder inherente a todos nosotros y debemos utilizarlo de manera sabia y constructiva. Sin embargo, la realidad es que la mayoría de las personas no son completamente conscientes de cómo usar esta capacidad y, en ocasiones, algunas la utilizan para manipular a otros o para fines que no son del todo rectos.

Desarrollar una mentalidad millonaria no es algo que se logra simplemente al leer este libro; el verdadero cambio requerirá que tomes medidas masivas, una de las claves más importantes en el proceso de convertirte en un networker millonario. La buena noticia es que puedes avanzar hacia tus objetivos y lograrlo tan rápido como tú lo desees. Cuanto antes empieces a poner en práctica todos estos principios, más cerca estarás de alcanzar tus metas.

En resumen, voy a compartir contigo mis experiencias, brindándote secretos prácticos para lograr un crecimiento financiero extraordinario. Si aplicas todos estos principios de manera diaria y constante, estarás cada vez más cerca de cultivar una mentalidad millonaria.

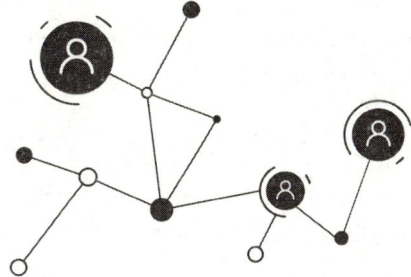

Capítulo 1

El networker millonario

«El activo más poderoso que todos tenemos es nuestra mente. Si se entrena bien, puede crear una enorme riqueza».

—ROBERT KIYOSAKI

Este capítulo introduce la mentalidad necesaria para alcanzar el éxito en el Network Marketing. Se enfatiza la importancia de comenzar con un objetivo claro en mente, así como la necesidad de nutrir continuamente nuestra mente con pensamientos positivos. Se explora cómo cada individuo tiene el poder de diseñar su destino a través de su mente consciente, la necesidad de desintoxicar pensamientos negativos, y la importancia de contar con el guion y los actores adecuados en nuestra vida para alcanzar nuestros objetivos. Finalmente, se destaca que somos el reflejo de nuestros pensamientos y que cultivar una mentalidad millonaria es esencial para el éxito.

¡Tú también puedes desarrollar una mentalidad millonaria!

Si anhelas que las circunstancias de tu vida cambien para mejor, es fundamental que primero te enfoques en transformarte a ti mismo. La clave para mejorar tu realidad radica en mejorar tu interior. La mente se asemeja a un músculo; todas las acciones que llevamos a cabo en el mundo físico tienen su origen en nuestra mente. Eres el arquitecto de tu vida, y tú eres el único responsable de crear tu propia realidad. Tu mente tiene el poder de construirlo todo o, por el contrario, de destruirlo. Cada día que pasa, estás en un proceso de crecimiento o declive, moldeado por cada uno de tus pensamientos y acciones. Es crucial que comprendas que tus creencias son las raíces que determinan tu destino.

«Tus creencias se convierten en tus pensamientos,
tus pensamientos se convierten en tus palabras,
tus palabras se convierten en tus acciones,
tus acciones se convierten en tus hábitos,
tus hábitos se convierten en tus valores,
tus valores se convierten en tu destino».

—GANDHI

Comienza con un fin en mente y lo lograrás

Piensa en esos sueños que alguna vez tuviste y en los que dejaste de creer.

El principio de comenzar con un fin en mente se basa en la idea de que todo lo que existe es creado dos veces: primero en la mente y luego en el mundo físico. Stephen R. Covey, uno de mis mentores y autor del aclamado libro *Los 7 hábitos de la gente altamente efectiva,* me enseñó este valioso principio hace muchos años. Tuve el privilegio de recibir a Stephen R. Covey en una conferencia en la Ciudad de México, donde compartió su sabiduría sobre cómo este enfoque podría transformar tanto mi vida personal como profesional. Desde ese momento, mi vida ha cambiado radicalmente para mejor. Empecé a crear una nueva realidad en mi vida al adoptar el enfoque de tener siempre un fin claro en mente.

Cada día, tienes la capacidad de crear tu propia realidad a partir de lo que concibes en tu mente. Es un proceso que, aunque parece sencillo, puede ser un poco complicado al mismo tiempo. Piensa en esos sueños que alguna vez tuviste y en los que dejaste de creer. Tal vez alguien te dijo que no eran para ti o que simplemente no eran posibles. Si permitiste que alguien destruyera esos sueños en tu mente, ahora es el momento perfecto para comenzar a construir con un nuevo final en mente. La mente es el inicio de cualquier creación física; si lo creas mentalmente primero, podrás hacerlo realidad en tu vida.

¿Nutriste tu mente hoy?

Así como tu cuerpo necesita alimentos equilibrados y nutritivos para gozar de una buena salud, tu mente también requiere pensamientos saludables y nutritivos para cultivar un espacio creativo y productivo. Para reemplazar las viejas creencias limitantes con nuevas creencias empoderadoras, es necesario reescribir la información que alimenta tu mente. Al igual que invertimos dinero en la mejor ropa, joyas y perfumes, también debemos asegurarnos de alimentar nuestras mentes con las mejores fuentes de conocimiento: los libros más inspiradores, los seminarios más impactantes y los autores más influyentes.

Tu mente subconsciente se asemeja a un disco duro que almacena múltiples archivos de información, y la única manera de cambiar esa información es escribiendo nuevos datos sobre los antiguos. Lamentablemente, no contamos con un botón de eliminación para deshacernos de la mala información o las experiencias negativas de la vida. Por lo tanto, es crucial rodearte de personas positivas que te ayuden a nutrir tu mente y a reescribir la información positiva en tu subconsciente. Como se explicará en capítulos posteriores, las afirmaciones son herramientas poderosas que pueden ayudarte a reprogramar tu mente con información empoderadora.

«Nutre la mente como lo harías con tu cuerpo.
La mente no puede sobrevivir con comida basura».

—JIM ROHN

Eres dueño del ordenador perfecto

La mente humana es el ordenador más avanzado que existe en el mundo. Su disco duro tiene capacidad ilimitada. Podemos almacenar experiencias, aromas, sabores, imágenes, vídeos, sentimientos, libros, pensamientos, poemas, recuerdos y todo tipo de información. Todos éstos son impulsos que se procesan en fracciones de segundo, y cuando recordamos cualquiera de esas experiencias, tenemos la capacidad de revivir recuerdos, sean buenos o malos.

Al igual que un ordenador, nuestra mente puede ser vulnerable a virus y malas influencias; somos los únicos responsables de lo que permitimos que entre y salga de nuestra mente. Si permitimos que un virus se instale, somos responsables de cuánto tiempo lo dejaremos afectar los demás archivos de nuestra vida.

Si programas tu mente adecuadamente, puede convertirse en tu mejor aliada y no en tu peor enemiga. La lectura diaria te ayudará a desarrollar una mentalidad millonaria. Es fundamental que practiques la meditación, hagas ejercicio, elimines a las personas tóxicas de tu vida, respires profundamente y reconozcas las acciones que mejor funcionan para cuidar el ordenador más valioso que posees. Lee libros inspiradores, escucha historias de éxito y consume contenido que te motive a seguir adelante.

Lo llamas destino, pero es tu mente subconsciente

Eres mucho más que un cuerpo con cinco sentidos; posees una mente que utiliza esos sentidos para interpretar las experiencias de la vida. Como sólo tú puedes elegir cómo actuar y qué pensar, eres más que sólo un cuerpo físico y una mente racional. También eres una conciencia, la parte de ti que elige y decide qué hacer y cómo sentir. Sin embargo, muchas de tus decisiones no son siempre conscientes, ya que tu mente también opera a nivel subconsciente.

La mente consciente es la que toma las decisiones diarias, como qué hacer, a dónde ir, qué planificar para el día, qué comer, entre otras cosas. Es la parte de ti que habla, disfruta de un buen libro y reflexiona sobre la vida. Por otro lado, la mente subconsciente se encarga de las funciones automáticas de tu cuerpo. Cada vez que aprendes algo y luego lo realizas sin pensar, es tu mente subconsciente la que está en acción.

¿Sabías que estás consciente aproximadamente el 10 % del tiempo y que el 90 % de tus pensamientos son subconscientes? Tu mente subconsciente registra información desde el momento en que eres concebido en el vientre de tu madre, y durante los primeros ocho años de tu vida, se forma de esa manera. Toda esa información almacenada es lo que te define hoy, y desafortunadamente, muchas veces no somos capaces de filtrar la información recibida durante nuestra infancia. La mayoría de las experiencias de la vida son simplemente aceptadas y almacenadas en tu mente subconsciente, sin que tengas la capacidad de decidir si son verdaderas o falsas, positivas o negativas, empoderadoras o limitantes.

Tus creencias están almacenadas en tu mente subconsciente y pueden clasificarse en dos tipos: empoderadoras o limitantes. Las creencias limitantes son aquellas que te paralizan y te impiden avanzar, mientras que las creencias empoderadoras te fortalecen y te impulsan hacia adelante. Si estuviste rodeado de pensamientos restrictivos, creyendo que para alcanzar la riqueza necesitas esforzarte en exceso, tu mente subconsciente operará con esos filtros y te limitará en la búsqueda de tus deseos y objetivos.

El disco duro de tu subconsciente está grabado con impulsos de emociones, información y experiencias vividas a lo largo de tu vida. Para algunas personas, la información de sus primeros años es negativa. Frases como «No hagas eso», «Eso no es posible», «No hay dinero», «No eres bueno para esto», «No puedes hacerlo», «No sabes nada», «Eso es peligroso», «No intentes hacer eso», «Fracasarás» y «Eso es malo» son sólo algunos ejemplos de afirmaciones que se quedan grabadas en la mente subconsciente, precondicionadas a adoptar creencias limitantes.

Todos tenemos una mezcla de creencias empoderadoras y limitantes, y es fundamental que empieces a reconocer cuáles están dominando tus acciones diarias y tu progreso hacia el logro de tus metas. Examina el precondicionamiento que experimentaste durante tu infancia que te impide adoptar una mentalidad millonaria y que, por ende, te impide alcanzar tus sueños. Escribe esas creencias limitantes y reemplázalas con afirmaciones positivas que tengan el poder de transformar esas creencias restrictivas en creencias que te empoderen. En el capítulo 5, profundizaremos en el poder de las afirmaciones y en cómo utilizarlas a tu favor.

Desintoxica tu mente diariamente

Los pensamientos tóxicos son tan limitantes y destructivos como una enfermedad contagiosa. Debes cuidarte de ellos y esquivar cualquier situación, pensamiento o incluso personas que resulten tóxicas, como si se tratara de una plaga. Como dice el viejo refrán: «Una manzana podrida estropea todo el barril». Esto es especialmente cierto si permanecen demasiado tiempo en tu vida, afectando a los demás. Las manzanas podridas están por todas partes, y eres tú quien debe identificarlas y eliminarlas de tu vida rápidamente. Rodéate de personas que estén en camino hacia donde tú deseas estar.

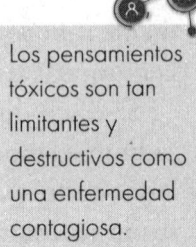

Los pensamientos tóxicos son tan limitantes y destructivos como una enfermedad contagiosa.

«Eres el promedio de las cinco personas con las que pasas más tiempo. Escoge sabiamente».

—JIM ROHN

Los pensamientos tóxicos limitan tu potencial porque bloquean el flujo de energía y nuevas ideas. Es fundamental asegurarte de que tu imaginación esté siempre vibrante y activa. La imaginación es la fuente principal de toda creatividad y de la generación de nuevas ideas y oportunidades en la vida. Las personas que albergan pensamientos tóxicos tienden a enfermarse con mayor frecuencia y poseen un menor nivel de energía y creatividad, lo que las mantiene atrapadas en un ciclo de insatisfacción.

Identificar los pensamientos negativos, neutralizarlos y sustituirlos por pensamientos positivos que te permitan lograr más es una tarea diaria y continua. Ser consciente de lo que dices y piensas es un hábito esencial que debes desarrollar si realmente deseas convertirte en millonario. La mejor manera de diagnosticar tus pensamientos es a través de tus palabras. Comienza a prestar atención a lo que dices, cuándo lo dices y cómo lo dices.

Realiza un autoanálisis diario para identificar qué pensamientos en tu subconsciente están limitando tus creencias sobre la mentalidad millonaria, y trabaja para transformarlos de creencias limitantes a creencias que te empoderen. Por ejemplo, si sueles comenzar tus oraciones con «no» o tiendes a expresar pensamientos negativos, es probable que tengas creencias negativas que dominan tu mente subconsciente. Lo que dices es un reflejo de tu mente subconsciente. Recuerda que, como se mencionó al principio de este capítulo, la mente tiene el poder de controlar tus pensamientos, palabras, acciones y hábitos; por lo tanto, cualquier resultado que experimentes en la vida estará determinado por tu mentalidad.

Utiliza tu lenguaje como un medio para autoevaluar tu mente subconsciente y comienza a identificar las diferentes fuentes de palabras negativas para erradicarlas de tu vocabulario, de tu mente y de tu vida. Presta atención a los pensamientos tóxicos y limitantes de las personas que te rodean y formula un plan de acción para eliminarlos como si fueran una plaga. Respira profundamente y conéctate con la naturaleza cada mañana o en cualquier momento del día para limpiar tu mente y desintoxicarte de todas las toxinas que te rodean.

«La confianza es más valiosa que cualquier moneda en el mundo».

—ALEX HOFFMANN

¿Tienes el guion y los actores adecuados en tu obra?

La mente se asemeja a un escenario donde se presenta una obra de teatro todos los días. Tú eres el director de esta obra, creando la narrativa con la información que has almacenado en tu mente subconsciente y las experiencias que obtienes a diario. Tienes el poder de permitir que los actores entren o salgan del escenario. Si los actores y el guion son positivos, entonces la obra será positiva. Si el tema de la obra es de terror, el resultado será igualmente aterrador. Cuanto más específicos y positivos sean los actores en el escenario, más realista será la experiencia y mayor será el impacto en tu proceso de creación de una mentalidad millonaria.

Recuerda que la mente procesa la información. Si le das entradas negativas, inevitablemente generará salidas negativas. Sin embargo, si alimentas tu mente con pensamientos positivos y empoderadores, el resultado será igualmente positivo y transformador. Tu rutina diaria debe centrarse en nutrir tu mente y mantenerla en un estado de positividad. Celebra la vida y todas las bendiciones que te rodean. Conviértete en un guardián de tus pensamientos y elimina las creencias negativas y limitantes para hacer espacio para pensamientos positivos y empoderadores.

Eres lo que piensas

Esta afirmación se aplica en todos los aspectos de la vida: positivo o negativo, bueno o malo, para ti o para los demás. En su libro *Piense y hágase rico,* Napoleón Hill entrevistó a las personas más ricas, exitosas y poderosas de su época y descubrió que la raíz de su riqueza provenía de su mentalidad. Desde cómo pensaban, cómo analizaban y observaban las situaciones de la vida, hasta cómo convertían esos desafíos en oportunidades para alcanzar sus metas.

«Todo lo que la mente puede concebir y creer, lo puede lograr».

—NAPOLEON HILL

Analicemos esta célebre cita. «Concebir» significa crear y llevar algo dentro de ti. Al igual que una madre concibe un bebé y lo lleva en su vientre durante nueve meses, lo mismo ocurre con tus pensamientos y aspiraciones. Sólo podrás lograr aquello que has creado y cultivado profundamente en tu mente y en tu ser.

La mente actúa según lo que le indicas. Si le dices todos los días que tenga emociones, pensamientos y acciones positivas, comenzarás a notar cambios significativos en los resultados que obtienes en tu vida. La mente tiene el poder de controlarlo todo. A lo largo de más de tres décadas de experiencia en esta maravillosa profesión, he tenido el privilegio de conocer a cientos de millonarios, y todos ellos comenzaron siendo millonarios en su mente antes de que su riqueza se manifestara en el mundo físico. Una de las razones por las cuales muchas personas no logran el éxito en la vida es porque sus pensamientos tienden a dirigirse automáticamente hacia el fracaso o hacia una mentalidad negativa. Si preguntas a las personas exitosas qué hicieron para llegar a donde

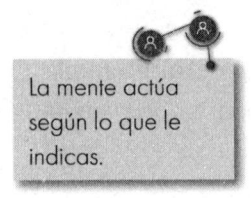

La mente actúa según lo que le indicas.

están, y solicitas consejos a aquellos que ya han alcanzado el lugar al que tú aspiras, sus respuestas te proporcionarán valiosas lecciones.

«El punto de partida de todo logro es el deseo. Ten esto en cuenta constantemente. El deseo débil trae resultados débiles, al igual que un pequeño fuego produce poco calor».

—NAPOLEON HILL

Notas

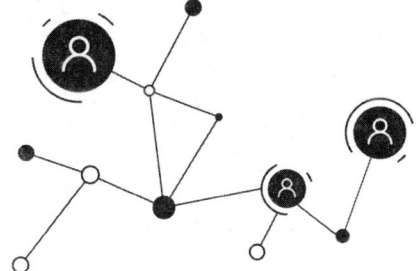

Capítulo 2

El negocio de las relaciones humanas

«El corazón es más poderoso que el cerebro.
El corazón genera una energía eléctrica
aproximadamente 60 veces más fuerte y un campo
magnético hasta 5000 veces más potente que el
cerebro».

(Heartmath.org)

En este capítulo, se examina la importancia de las relaciones humanas en el Network Marketing. Se establece que las personas son el activo más valioso en cualquier negocio y que siempre deben ser la prioridad. Se discute la velocidad de la confianza como un elemento crucial para construir conexiones significativas. Además, se enfatiza el poder de la comunicación efectiva, incluyendo el arte de hacer preguntas y la capacidad de escuchar, destacando que nuestras palabras moldean nuestra realidad y nuestras interacciones con los demás.

Las personas son nuestro activo más valioso

Una de las lecciones más significativas que aprendí de mi padre durante mis primeros años en esta fascinante profesión fue la importancia fundamental de las personas.

Recuerdo claramente un día en que me dijo con sabiduría: «Si no te gusta la gente, tienes dos opciones: o aprendes a trabajar con ellos o buscas un trabajo tradicional». Esta enseñanza, aunque simple, reveló una profunda verdad que transformó mi perspectiva sobre el negocio. Comprendí que el verdadero núcleo de esta industria son las relaciones humanas, y que un auténtico networker se convierte en un experto en comprender a las personas y en cultivar la confianza necesaria para forjar conexiones genuinas y duraderas.

«Si bien las personas son nuestro mayor recurso,
también son nuestro mayor desafío».

—RANDY GAGE

Las relaciones interpersonales constituyen uno de los aspectos más complejos y desafiantes de nuestra vida, ya que cada individuo trae consigo una historia única y antecedentes diversos. Para aquellos que comienzan en el emocionante mundo del Network Marketing, una de las mayores dificultades radica en entender la vital importancia de establecer conexiones sólidas con las personas. Esta habilidad es esencial para llevar a cabo las actividades clave de producción, tales como la prospección, la presentación, el patrocinio y el seguimiento. La falta de herramientas adecuadas y desarrollo personal en esta área es una de las razones que llevan a muchos a alejarse de la industria, haciéndoles sentir que este camino no es para ellos. Conectar es un arte que se puede aprender y perfeccionar a través de la práctica constante.

> Un auténtico networker se convierte en un experto en comprender a las personas y en cultivar la confianza necesaria para forjar conexiones genuinas y duraderas.

«Para comunicarnos de manera efectiva, debemos darnos cuenta de que todos somos diferentes en la forma en que percibimos el mundo y usar esta comprensión como una guía para nuestra comunicación con los demás».

—Anthony Robbins

Siempre las personas primero

En mi viaje de aprendizaje sobre cómo conectarme con la gente, uno de los factores más poderosos ha sido comprender el funcionamiento de la mente y cómo piensan los seres humanos. En la última década, he dedicado tiempo a estudiar el desarrollo mental y he descubierto cómo el lenguaje refleja claramente el pensamiento humano. Si aprendes a escuchar atentamente a las personas y desarrollas habilidades específicas de comunicación, podrás descifrar cómo y qué están pensando. Esto te permitirá establecer conexiones más efectivas y ayudarlas a alcanzar sus sueños de manera más rápida y eficiente. Este proceso requiere dedicación y práctica, y si realmente deseas conectar con las personas y construir confianza, debes invertir tiempo y esfuerzo en el desarrollo humano, practicando incesantemente hasta que estas habilidades se conviertan en una segunda naturaleza.

Ahora quiero destacar cómo utilizar algunas herramientas comunes en este contexto. El Network Marketing es, ante todo, un negocio basado en la interacción persona a persona. En la actualidad, las redes sociales se han convertido en una de las herramientas más poderosas para la prospección, la conexión y el seguimiento. Sin embargo, cuando tienes la oportunidad de interactuar personalmente o realizar una presentación cara a cara, el impacto que generas es significativamente mayor. No hay sustituto para la conexión personal. Ningún medio digital o red de comunicación puede reemplazar la fuerza, el poder y la profundidad de una interacción física; existe un inmenso poder en la presencia física.

El lenguaje refleja claramente el pensamiento humano.

«La voz, el tono, el lenguaje corporal, la presencia física y, sobre todo, la emoción y la energía que transmitimos personalmente no pueden ser reemplazados por ningún otro medio en el establecimiento de una verdadera relación».

—Alex Hoffmann

La velocidad de la confianza

Cumplir tus promesas es el ingrediente esencial que fortalece la confianza y potencia las conexiones con las personas. Por el contrario, crear expectativas poco realistas únicamente debilita la confianza y destruye las conexiones. Es común que muchas personas cometan el error de exagerar los beneficios de su empresa, producto o plan de compensación. Sin embargo, no vale la pena hacerlo, porque en el momento más inesperado, las consecuencias de esas exageraciones pueden ser devastadoras. Cuando se pierde la confianza, es extremadamente difícil volver a conectar y mantener cualquier tipo de relación saludable. No prometas ganancias irrazonables ni ofrezcas cosas que no puedas cumplir. El Network Marketing es un negocio basado en la confianza, y ésta es más valiosa que cualquier moneda en el mundo.

La confianza es uno de los valores más cruciales en cualquier relación, ya sea personal o comercial. Las personas te seguirán y harán negocios contigo únicamente si confían en ti. No importa cuán extraordinarios sean tus productos o cuán sólida sea tu empresa; si la gente no confía en ti, no establecerán relaciones comerciales contigo. Por lo tanto, es fundamental que comiences a trabajar en tu confianza personal antes de enfocarte en perfeccionar tus habilidades.

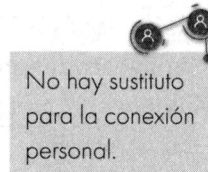

No hay sustituto para la conexión personal.

«Afirmo una vez más que nada es más rápido que la velocidad de la confianza.

Nada llena tanto como una relación de confianza.

Nada inspira más que brindar confianza.

Nada apalanca más que la economía de la confianza.

Nada ejerce más influencia que una reputación de confianza».

—Stephen R. Covey

¿Con la mente o el corazón?

¿Cuál es la diferencia esencial entre conectar con la mente o con el corazón? Conectar con la mente implica utilizar tu razonamiento lógico, el centro del lenguaje, el «qué». Ésta es la forma tradicional en que nuestra industria capacita a las personas. Es un proceso rápido y fácil de duplicar. Todo lo que necesitas es una lista que explique los beneficios de lo que estás promocionando. Conectar con la mente significica hacer marketing, utilizando herramientas como folletos, vídeos, presentaciones o páginas web que ofrecen información racional. Sin embargo, esto es sólo una información superficial, y su efectividad se mide por la rapidez con la que puedes responder con unas pocas palabras. No hay nada de malo en conectar a nivel mental; de hecho, funciona para la mayoría de las personas que están comenzando en el apasionante campo del Network Marketing.

Por otro lado, conectar con el corazón, en lugar de la mente, es un proceso que requiere más tiempo y esfuerzo.

No es algo natural para la mayoría de las personas, pero definitivamente se puede aprender. Este enfoque implica un arte que combina hacer las preguntas correctas mientras sigues tu intuición. Conectar con el corazón significa establecer redes profundas; puedes alcanzar ese nivel de conexión aprendiendo sobre las necesidades auténticas de las personas. Esto va más allá de simplemente conocer a alguien; es una conexión significativa que exige hacer las preguntas adecuadas y dedicar el tiempo necesario para escuchar y conectar verdaderamente.

Libera el poder de las preguntas

Las preguntas son la llave que abre la puerta de la comunicación auténtica. Al formular las preguntas correctas, estás descubriendo los sentimientos y emociones que te proporcionarán la información que buscas sobre los intereses de la otra persona. Hacer las preguntas adecuadas es como abrir puertas que luego usarás para conectarte con tus clientes y ayudarlos a satisfacer sus necesidades. A través de preguntas, desentrañarás la verdadera razón que impulsa a la persona y descubrirás la mejor manera de ayudarla a alcanzar sus sueños. Hacer las preguntas correctas es la forma más efectiva de conectarte con el corazón, que es lo que define a un verdadero networker.

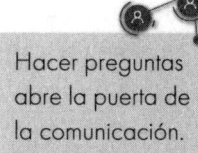

Hacer preguntas abre la puerta de la comunicación.

*«En mi programa de televisión, probablemente uso
esta palabra [por qué] más que cualquier otra. Es la
pregunta más grande que se ha hecho, y siempre lo será.
Y ciertamente es la forma más segura de mantener una
conversación animada e interesante».*

—LARRY KING

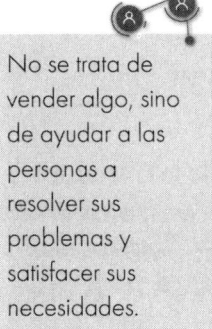

No se trata de vender algo, sino de ayudar a las personas a resolver sus problemas y satisfacer sus necesidades.

Explorar el «por qué» y el «cómo» detrás de las motivaciones humanas es fundamental para entender y conectar con los verdaderos intereses de las personas. Este viaje de descubrimiento comienza con la formulación de preguntas, donde puedes aplicar una técnica poderosa llamada «secuencia». Esta técnica consiste en utilizar la última respuesta que recibas para formular la siguiente pregunta, permitiendo una conversación más fluida y profunda. Puedes repetir este proceso tantas veces como sea necesario, siempre manteniendo un enfoque natural y auténtico, mostrando un genuino interés por la otra persona. Recuerda que, al final del día, lo más importante es la persona a la que te diriges, y no simplemente la técnica que estás utilizando. La práctica constante te permitirá desarrollar esta habilidad de manera natural, así que es esencial que te comprometas a practicar, practicar y practicar. Cuando logres captar la emoción más fuerte de la persona, asegúrate de repetir lo que has escuchado para confirmar y profundizar en su mayor motivación. Ten presente que no se trata de vender algo, sino de ayudar a las personas a resolver sus problemas y satisfacer sus necesidades.

Es crucial que, al hacer preguntas, mantengas la atención en no cruzar la línea entre indagar e interrogar. A la gente no le agrada sentirse interrogada sobre aspectos íntimos de su vida; en su lugar, tus preguntas deben fluir hacia intereses compartidos, así como hacia sus necesidades y emociones. La interacción se vuelve mucho más rica cuando actúas de manera natural, como si estuvieras conversando con un buen amigo, en lugar de realizar un cuestionario.

«Piénsalo dos veces antes de hablar, porque tus palabras e influencia plantarán la semilla del éxito o del fracaso en la mente de otro».

—NAPOLEON HILL

Si te das cuenta de que no estás haciendo suficientes preguntas, es probable que estés más centrado en ti mismo que en los demás. Las preguntas son herramientas poderosas que nos brindan claridad sobre lo que las otras personas realmente desean. Sin embargo, muchas veces, ni siquiera sabes lo que quieres para ti. Por esta razón, es vital que inicies este proceso contigo mismo, formulándote una serie de preguntas que te ayudarán a aclarar tus deseos y a entender cómo puedes alcanzarlos.

«Una de las razones por las que tan pocos de nosotros logramos lo que realmente queremos es que nunca dirigimos nuestro enfoque; nunca concentramos nuestro poder».

—Anthony Robbins

Una vez que tengas claro lo que deseas en la vida y en tu negocio, podrás comenzar a hacerte las preguntas correctas. Éstas pueden abarcar temas como estilo de vida, trabajo, familia, deportes, aficiones y viajes. Cuando tienes claridad sobre tus deseos, hacer preguntas a los demás se convierte en algo natural y sin esfuerzo. Tu seguridad se refleja en las respuestas que obtienes, no sólo en el «qué» y el «cómo» de tus preguntas, sino también en la fluidez del proceso, el cual mejorarás con la práctica continua.

Descubre el arte de escuchar

La escucha activa es una habilidad esencial que te permite cultivar la empatía y satisfacer las necesidades de tus prospectos. Curiosamente, tenemos dos oídos y una boca, lo que sugiere que deberíamos escuchar el doble de lo que hablamos.

Un gran filósofo fue interrogado una vez sobre el secreto de su impacto al hablar. La persona que lo cuestionó deseaba aprender a comunicarse como él. La respuesta fue reveladora: «Te equivocas si piensas que el impacto que tengo se debe a mi forma de hablar. En realidad, se debe a que antes de hablar contigo, he escuchado, lo que me permitió comprender lo que realmente te importa. El secreto no está en mi discurso, sino en mi habilidad de escucha. Mi discurso simplemente sigue la voz del oyente».

Cuando escuchamos con atención plena, descubrimos una abundante información que nos ayuda a conocer los intereses y necesidades de los demás. Si alguna vez has estado enamorado, recordarás cómo podías pasar horas escuchando las historias de la otra persona. Esa conexión profunda te hacía sentir que te conocías de toda la vida. Hay una clave sencilla para conectar más eficazmente con los demás: calla y escucha. Quien escucha genera emociones positivas en quien es escuchado.

«La mayoría de la gente no escucha con la intención de entender. Sólo escucha con la intención de responder».

—STEPHEN R. COVEY

Rafael Echeverría, uno de mis mentores en *coaching* ontológico y autor del libro *La ontología del lenguaje,* enfatiza que escuchar es una de las acciones más fundamentales en las relaciones humanas. A través de la escucha, construimos nuestras relaciones personales, interpretamos el mundo que nos rodea, nos proyectamos hacia el futuro y definimos nuestra capacidad de aprendizaje y transformación. La efectividad de nuestras conversaciones depende en gran medida de nuestra disposición para escuchar. No podemos iniciar una conversación significativa si no estamos dispuestos a prestar atención a la otra persona.

Tus palabras dan forma a tu mundo

Las palabras que pronunciamos tienen un poder inmenso, y nuestro poder personal se origina en las palabras que elegimos cada día. Nuestros pensamientos y el lenguaje que utilizamos crean constantemente nuestro presente y nuestro futuro. Desafortunadamente, las escuelas a menudo no nos enseñan sobre el impacto que las emociones tienen en nuestras palabras, ni cómo éstas pueden afectar a los demás dependiendo de cómo se expresen.

La mejor manera de transformar tu vida es cambiando tus pensamientos.

Nuestras creencias dan forma a nuestras vidas, y las afirmaciones que hacemos son una extensión de nuestros pensamientos. La mejor manera de transformar tu vida es cambiando tus pensamientos. Este principio ha sido respaldado por muchos pensadores revolucionarios en los últimos años, quienes coinciden en que al cambiar nuestros pensamientos y palabras, podemos alterar radicalmente lo que nos rodea.

«Si quieres ser responsable de tu vida, tienes que ser responsable de tu boca».

—Louise L. Hay

Nuestras palabras funcionan como órdenes para el cerebro, y es crucial entender que el cerebro no siempre puede distinguir entre lo que es un chiste y lo que es serio. Por esta razón, necesitamos ser más conscientes y cuidadosos con lo que decimos. Expresiones negativas pueden crear un estado tóxico que se transmite a quienes nos rodean, quienes pueden identificarse con tales afirmaciones y creer que se han convertido en esa persona.

Frases como «Estoy muy ansioso» o «Siempre seré malo en los negocios» son juicios que quizás hayas escuchado y repetido, llevándote a considerar que te has convertido en esa persona. Esta realidad negativa fue construida a través del lenguaje. Sin embargo, así como creaste esta situación negativa con un lenguaje pesimista, también tienes el poder de crear algo positivo a través de afirmaciones. Los expertos se refieren a esto como reentrenar la mente o reprogramar la información en el subconsciente mediante el poder de las afirmaciones.

Notas

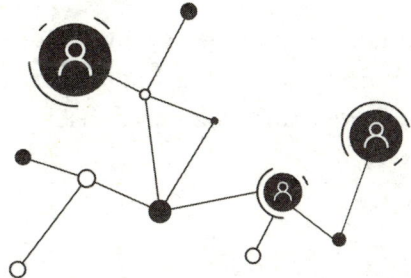

Capítulo 3

Network Marketing 101

«El Network Marketing ofrece a las personas una maravillosa oportunidad, con un riesgo mínimo y un compromiso financiero accesible, de construir su propio activo generador de ingresos y alcanzar una considerable riqueza».

—Robert T. Kiyosaki

Este capítulo proporciona una introducción fundamental al Network Marketing, abordando conceptos básicos y estrategias esenciales. Se habla sobre la simplicidad de la recomendación y cómo se pueden obtener ingresos sin necesidad de publicidad, lo que permite que más dinero fluya hacia el networker. Se exploran las ventajas de trabajar desde casa y cómo construir relaciones cara a cara favorece el crecimiento del negocio. También se discute la importancia de la empresa como aliada y se destaca el concepto de ingresos residuales como clave para alcanzar la libertad financiera, presentando el Network Marketing como una puerta hacia un futuro prometedor.

Cuando lo logré, todo cambió

Al profundizar en el Network Marketing, te darás cuenta de que es tan legítimo y prometedor como cualquier negocio tradicional. Si aspiras a convertirte en un networker millonario, es crucial que primero adquieras un sólido entendimiento de los principios fundamentales del Network Marketing. Esta industria, que cuenta con casi un siglo de historia, se originó con visionarios que tenían ideas o productos excepcionales y deseaban compartirlos de manera directa, sin los elevados costos de un negocio convencional. Independientemente del tipo de producto, el boca a boca se demuestra como la estrategia más efectiva para promocionar y permite a las personas expandir su negocio sin la necesidad de realizar grandes inversiones en publicidad, inventarios, gastos generales o un local físico.

Cada año, surgen numerosas empresas en esta emocionante industria. Sin embargo, muchas no logran perdurar más allá de unos pocos años, ya que carecen de los elementos esenciales para prosperar. Sólo aquellas empresas que poseen las condiciones óptimas logran sobresalir en la búsqueda del éxito. Es vital cultivar una fuerte convicción en esta industria, por eso dedico el capítulo 5 a proporcionarte información valiosa que te capacitará para tomar decisiones acertadas sobre la elección del Network Marketing como un medio para alcanzar tu libertad financiera.

«Entre las oportunidades empresariales más relevantes en la actualidad, la venta directa, conocida también como Network Marketing, se destaca notablemente».

—Paul Zane Pilzer

Uno de los errores más comunes que comete la gente es confundir nuestra industria con un esquema piramidal. Los esquemas piramidales carecen de un producto genuino, o si lo tienen, los precios son exorbitantes y eso llama la atención de los reguladores como un fraude. Se enfocan en recompensar tu esfuerzo basado en la cantidad de personas que reclutas, en lugar de en la calidad de un producto o servicio consumible. Los organismos reguladores exigen que se paguen comisiones por productos o servicios, y no sólo por la captación de personas.

Recuerdo que una amiga me solicitó asesoría sobre una empresa y me envió la información. Al verla, supe de inmediato que se trataba de un esquema piramidal, y en pocos meses, perdió su inversión. Se cuestionaba cómo pude identificarlo tan rápidamente y me pidió que le revelara las características más comunes de un esquema piramidal. Esto es lo que le dije:

- Ofrecen caminos para enriquecerte rápidamente.
- Prometen ganancias rápidas e ilimitadas.
- El producto es irrelevante o secundario.
- La empresa presenta un único producto o servicio a un precio desproporcionado.
- Las ventas y ganancias se proyectan en un breve período de tiempo.

- El personal corporativo carece de experiencia en la industria.
- Baja sostenibilidad para operar globalmente sin registros legales ni pago de impuestos.
- Se sustentan en la generación de ingresos a través de productos o métodos no comprobados.

En algunos países, estas prácticas son monitorizadas y reguladas de manera más efectiva que en otros. Estados Unidos es el mercado más grande para la Asociación de Venta Directa (DSA) y, supuestamente, el más regulado, aunque aún hay esquemas piramidales que cometen fraudes y perjudican la reputación de nuestro canal cada año.

Si alguna vez escuchas algo similar, aléjate rápidamente, porque están ofreciendo algo ilegal que no tendrá una larga duración. Sé astuto y aprende del pasado. Investiga todas las empresas que han defraudado a las personas y que han sido cerradas por operar de manera inestable como esquemas piramidales. Un networker profesional con mentalidad millonaria no cree ciegamente en todo lo que escucha. Aquí te dejo algunos factores clave que siempre menciono como signos de las empresas más sólidas de la industria:

- Más de diez años de trayectoria.
- Miembro oficial de la DSA.
- Productos o servicios consumibles.
- Sólida estabilidad financiera y preferiblemente libre de deudas.
- Personal corporativo ético y propietarios con experiencia.
- Excelente servicio al cliente y sistemas eficientes.

En septiembre de 2017, tuve el honor de ser invitado por mi compañía y la DSA para participar en «Un día en Capitol Hill». Viajamos a Washington D.C. para hacer *lobby* en nombre de la DSA y nos reunimos con varios representantes y senadores, como Andy Biggs y el senador John McCain. Les explicamos la legalidad de nuestro modelo de negocio y solicitamos su apoyo en tres prioridades fundamentales:

- Promover la membresía en el Caucus de Venta Directa del Congreso.
- Copatrocinar la Ley Antipiramidal de 2017 (HR 3409).
- Mantener el estatus de contratista independiente para los vendedores directos.

Me siento orgulloso de haber representado a la DSA en el Capitolio y de apoyar estas prioridades vitales para nuestra industria. Desde su inicio en EE.UU., la DSA ha sido un modelo para muchos mercados internacionales que siguen sus iniciativas y regulaciones.

Estos datos son realmente valiosos

En 2023, la WFDSA (por sus siglas en inglés) la Federación Mundial de la Asociación de Venta Directa, reporto ventas por mas de 167 000 millones de dólares y mas de 102 millones de distribuidores a nivel mundial. Los vendedores directos son tus vecinos, amigos e incluso familiares, y participan en el negocio ya sea a tiempo parcial o completo, actuando como verdaderos emprendedores en el más estricto sentido de la palabra.

No hay límite de edad ni requisitos de origen racial o étnico: el 74% de los participantes son mujeres y el 26% son hombres. Según las estadísticas de la DSA, el costo de entrada para los vendedores directos es notablemente bajo en comparación con el de los agentes inmobiliarios o las cadenas de franquicias de restaurantes. Además, conforme al código de ética de la DSA, la venta directa representa una oportunidad de negocio de bajo riesgo, en la que las personas pueden recibir hasta un reembolso del 90% de su inversión inicial en productos si deciden retirarse.

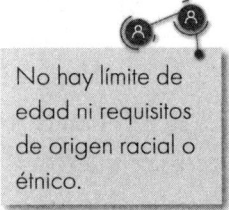

No hay límite de edad ni requisitos de origen racial o étnico.

«Existe una forma en la que la persona promedio puede disfrutar de los beneficios del éxito financiero, sin los inconvenientes asociados con un negocio tradicional: iniciar su propio negocio de Network Marketing».

—Robert Kiyosaki

Ni publicidad ni distribución masiva

La industria del Network Marketing se distingue notablemente por no utilizar publicidad ni métodos de distribución masiva, a diferencia de las empresas de mercadeo tradicionales. Muchas personas me preguntan con curiosidad por qué no anunciamos nuestros productos o los vendemos en tiendas de forma masiva. La respuesta es simple: estamos utilizando un sistema de marketing alternativo, un canal de distribución innovador que nos permite maximizar los beneficios. Todo el dinero que normalmente se destinaría a publicidad y distribución masiva se canaliza hacia el pago de comisiones e incentivos para nuestros valiosos distribuidores.

Para ilustrar este concepto de manera más clara, consideremos el ejemplo de Coca-Cola, una reconocida empresa de consumo masivo que invierte una gran parte de su presupuesto en publicidad. Utilizan prácticamente todos los canales de comunicación disponibles para promover sus productos de manera efectiva. Una vez que su producto es anunciado, también deben asegurarse de que esté accesible para la mayor cantidad de personas posible. Uno de los principios básicos que aprendí en mis clases de marketing es que la publicidad masiva debe ir de la mano con una distribución masiva. Si no tienes la capacidad de distribuir tu producto de forma extensa, la inversión en publicidad masiva se convierte en una pérdida de dinero.

Cuando se realiza una campaña publicitaria a gran escala, también se debe asegurar la distribución de los productos, para que cuando las personas vean el anuncio, tengan la posibilidad de encontrar el producto y comprarlo de inmediato. Como puedes imaginar, este proceso implica un alto costo y es fundamental para el éxito de productos de consumo masivo, como es el caso de Coca-Cola.

En contraposición, el Network Marketing no se basa en la publicidad ni en la distribución masiva de sus productos. En lugar de ello, redirigimos ese capital que normalmente se invertiría en publicidad y distribución hacia nuestros distribuidores, recompensándolos con comisiones e incentivos. Es importante destacar que no es necesario recurrir a la publicidad masiva ni a la distribución convencional, y quiero subrayar esto claramente, ya que muchas personas asumen erróneamente que ésa es la única manera de tener éxito en este modelo. Debes promocionar y distribuir, pero a una escala mucho más reducida, aprovechando el poder del boca a boca y la interacción de persona a persona.

«El futuro del Network Marketing es ilimitado. No hay un final a la vista. Esta industria seguirá creciendo, porque cada vez más personas están entrando en ella. Están elevando el estándar del MLM hasta alcanzar niveles en los que pronto será uno de los métodos comerciales más respetados del mundo».

—Brian Tracy

¿Te pagaron por recomendar?

El boca a boca es, sin duda, uno de los canales de marketing más antiguos y efectivos del mundo, y su popularidad sigue en aumento debido a su eficacia y bajo costo. Este sistema de promoción ha existido desde antes de la llegada de los medios de comunicación y la publicidad moderna. De hecho, el boca a boca continúa siendo una de las formas más efectivas y menos costosas de publicitar y promocionar cualquier producto en el mundo actual. Muchas empresas de medios de comunicación aún lo emplean en sus campañas publicitarias, ya que es una estrategia de promoción rápida, económica y de alta precisión.

Reflexiona sobre cuántas veces has recomendado algo que realmente disfrutaste, ya sea un producto o un servicio. ¿Recuerdas la última película que viste o el restaurante que visitaste? Tal vez tuviste una experiencia maravillosa o, por el contrario, no fue tan buena, pero independientemente de eso, siempre compartiste tu opinión con quienes te rodean. ¿Y te pagaron alguna comisión por promocionar esa película o comida? No. Éste es un ejemplo sencillo, pero poderoso, de cómo funciona el boca a boca. En el mundo del Network Marketing, esta estrategia se utiliza como la principal forma de promoción, facilitando la difusión de productos y servicios de manera efectiva de persona a persona.

Cada día, vemos que más tiendas minoristas están cerrando sus puertas porque las personas están cambiando sus hábitos de compra. En septiembre de 2016, Amazon anunció que había superado a Wal-Mart, el minorista más grande del mundo, en ventas, y varios minoristas han comenzado a cerrar tiendas en todo el país. ¿Cuál es la razón principal detrás de esta tendencia? Cada vez más personas prefieren realizar sus compras de manera virtual, disfrutando de la comodidad de hacerlo desde sus propios hogares. En la última década, he adquirido más productos en línea que en tiendas físicas. Ésta es una tendencia en rápido crecimiento que beneficia enormemente a nuestro modelo de Network Marketing. Permíteme explicarte el concepto de un negocio basado en el hogar.

«Los negocios basados en el hogar son uno de los segmentos de más rápido crecimiento en nuestra economía, y esa tendencia sólo continuará, ya que la era de la corporación, que comenzó hace apenas un siglo, ahora da paso a la era del empresario».

—Paul Zane Pilzer

Desde la comodidad de tu hogar

La industria del Network Marketing está diseñada como un modelo de negocio que se centra en el hogar, y esto no es casualidad. La razón principal es que las personas se sienten más cómodas y seguras cuando son invitadas a un entorno familiar, como su propio hogar. Aunque saben que les presentarás un producto o una oportunidad de negocio, generalmente prefieren hacerlo en un espacio donde se sientan a gusto, en lugar de en un lugar desconocido. La mayoría de las personas disfrutan visitando las casas de sus amigos, donde pueden pasar momentos agradables y sentirse bienvenidos, creando un ambiente cálido y acogedor.

La pandemia nos recordó, de manera contundente, que el Network Marketing tiene sus raíces profundamente arraigadas en el hogar. Durante este período, observamos que alrededor del 80 % de las compañías en este sector experimentaron un crecimiento notable. Una de las razones clave detrás de este aumento fue que las personas estaban encerradas en casa y podían llevar a cabo su negocio desde la comodidad de su hogar. Además, durante muchos años ya venían aprendiendo a utilizar herramientas digitales, lo que facilitó aún más las comunicaciones y conexiones desde casa por Zoom, IG, FB y otras plataformas de videoconferencias.

Entonces, ¿cómo puedes construir un negocio exitoso desde la comodidad de tu hogar que te ayude a cumplir tus sueños y alcanzar tus metas? Realizar presentaciones en casa es más sencillo y gratificante de lo que imaginas. La gente espera con entusiasmo la experiencia, las historias y el tiempo que pueden compartir con amigos o conocer a nuevas personas. Están genuinamente interesados en cómo pueden beneficiarse de tus productos y de la oportunidad que ofreces.

Crear un ambiente acogedor para tus presentaciones no sólo hará que tus invitados se sientan cómodos, sino que también fomentará una conexión más profunda y significativa. Utiliza este espacio para inspirar y motivar a quienes te rodean, mostrando cómo el Network Marketing puede transformar vidas y abrir puertas hacia un futuro más brillante. Desde la comodidad de tu hogar, puedes no sólo construir un negocio exitoso, sino también crear una comunidad de apoyo y crecimiento mutuo. ¡El potencial es ilimitado!

«Ya sea comprando un café o trabajando con un empleado, las personas toman decisiones basadas en las emociones. La gente compra productos basándose en historias y en cómo estas historias son relevantes y conectan con sus consumidores».

—Howard Schultz, fundador de Starbucks

No necesitas tener una presentación perfecta ni contar con todas las herramientas y dispositivos del mundo. Una presentación en casa debe ser breve pero impactante, por lo que es esencial incluir una demostración del producto, testimonios inspiradores y un vídeo corto que explique la empresa y sus beneficios. Además, puedes aprovechar tu hogar sin incurrir en gastos adicionales para tu negocio e incluso podrías beneficiarte de una exención de impuestos.

A medida que comienzas a hacer crecer tu negocio, te recomiendo que elijas un día específico de la semana y establezcas un horario fijo todas las semanas, a la misma hora y el mismo día, para tus demostraciones en el hogar. Es posible que las primeras reuniones tengan una asistencia baja, pero si mantienes la constancia semana tras semana, crearás un hábito y tu equipo podrá utilizar esas reuniones para expandir su negocio.

De persona a persona

Este negocio se construye de persona a persona, y no hay sustituto para este valor fundamental. No existen atajos para la interacción con cada individuo. No hay una forma masiva de inscribir a cientos de personas de una sola vez. Debes hacerlo uno a uno, y precisamente por eso las empresas te compensan por ayudar a cada persona a alcanzar sus objetivos, ya sea para beneficiarse de los productos o servicios o del plan de compensación.

No existen atajos para la interacción con cada individuo.

«No hay ningún secreto. Simplemente mostré el plan
a 1200 personas. 900 dijeron no y sólo 300 se
inscribieron. De esos 300, sólo 85 hicieron algo.
De esos 85, sólo 35 eran serios, y de esos 35, 11 me
hicieron millonario».

—BILL BRITT

Tu empresa debe ser tu mejor aliada

Busca una empresa que realmente invierta en ti y en tu desarrollo personal. Las empresas excepcionales no sólo se enfocan en ofrecer un producto de calidad y un atractivo plan de compensación, sino que también se comprometen a brindarte incentivos y programas en áreas vitales como el desarrollo personal, el ocio, la innovación, las nuevas tecnologías, herramientas de promoción y muchas más, adaptadas a los productos o servicios que ofrecen.

Una característica fundamental de una empresa robusta es su conexión estrecha con la filosofía de sus fundadores originales. Los valores y principios que establecieron sus fundadores son la chispa que alimenta la pasión y la visión necesaria para superar los momentos desafiantes. He sido testigo de numerosas empresas emergentes que han crecido rápidamente, sólo para estancarse o incluso caer abruptamente, a menudo porque se convierten en empresas cotizadas en bolsa y se enfocan únicamente en maximizar las ganancias para sus inversores.

El problema con este tipo de organizaciones es que los inversores buscan obtener la mayor cantidad de dinero posible, sin preocuparse por las personas que están detrás de su éxito. A menudo, no han comprendido que el activo más valioso en esta industria son las personas, no sólo el producto o el plan de compensación. Algunas de las empresas más grandes que cometieron este error han logrado recuperar el control, retirándose del mercado de valores y restaurando a sus distribuidores como el núcleo fundamental de su operación.

«Las personas más ricas del mundo buscan y construyen redes. Todos los demás buscan trabajo».

—Robert Kiyosaki

Ingresos residuales: La clave de la libertad financiera

Uno de los ejemplos más destacados de ingresos residuales es el icónico caso de un músico como Michael Jackson. A pesar de su fallecimiento, sigue generando más ingresos que cuando estaba vivo. ¿Cómo es esto posible? Éste es el concepto clave del ingreso residual. Michael grabó numerosos éxitos musicales que continúan resonando en todo el mundo. Cada vez que se reproduce una de sus canciones, él recibe una comisión.

De manera similar, en el Network Marketing, primero te conviertes en consumidor de un producto o servicio. Luego, compartes esa experiencia y creas una base de clientes leales, recibiendo un porcentaje de sus compras cada vez que adquieren el producto. Conozco a miles de personas, incluidos amigos y familiares, que han construido fortunas a través de ingresos residuales en el Network Marketing, y me incluyo entre ellos.

La libertad financiera que obtendrás a través de los ingresos residuales te permitirá hacer las cosas que realmente deseas, tantas veces como desees. Los ingresos a corto plazo que provienen de las bonificaciones se generan a medida que construyes la estructura de tu negocio. Posteriormente, tus ingresos residuales comenzarán a crecer a largo plazo. Imagina que estás construyendo un nuevo edificio; lo primero que haces es cavar los cimientos. Cuanto más alto y más grande sea el edificio, más profundos y sólidos serán esos cimientos. Este proceso es exactamente igual a cuando estás construyendo tu negocio. Durante los primeros meses, estás estableciendo la estructura en la base y aún no tienes un edificio operativo. Luego, una vez que el edificio está terminado, puedes alquilar el espacio, y es entonces cuando comienzas a generar ingresos residuales.

«Prefiero ganar el 1 % de los esfuerzos de 100 personas que el 100 % de mis propios esfuerzos».

—JOHN D. ROCKEFELLER

Las regalías, o los ingresos residuales, pueden convertirte en millonario a largo plazo. Es fundamental que comprendas este concepto desde el principio. Construir un ingreso residual que te permita convertirte en el millonario que sueñas ser, requerirá al menos 10 000 horas de trabajo. Este concepto fascinante lo aprendí hace muchos años a través del libro *Outliers* de Malcolm Gladwell, uno de mis autores favoritos. En este libro, se explica de manera brillante el concepto de las 10 000 horas necesarias para dominar cualquier profesión. Gladwell demostró que algunos de los más grandes autores, atletas y líderes del mundo dedicaron al menos 10 000 horas a practicar o perfeccionar su carrera antes de lograr un éxito significativo. Algunos ejemplos que él utiliza incluyen a The Beatles, Bill Gates, Mozart y otros.

«De hecho, los investigadores han coincidido en lo que consideran el número mágico para la verdadera experiencia: diez mil horas».

—Malcolm Gladwell

Quizás 10 000 horas te parezcan una cantidad excesiva. Sin embargo, si lo pones en perspectiva, este tiempo es mucho menor que lo que implica una carrera profesional tradicional o un trabajo convencional. La mayoría de las personas trabajan entre 30 y 40 años de su vida con el objetivo de jubilarse, y al final, sólo reciben una pensión que ronda unos pocos cientos de dólares al mes, la mayoría de las veces insuficiente para cubrir sus necesidades básicas. Según el censo de 2011, el estadounidense promedio se jubiló a los 65 años con un patrimonio neto de 194 226 dólares, y sólo el 18 % de la población de esa misma edad alcanzó un patrimonio neto de 1 millón de dólares.

Solamente el 2 % de los jubilados en Estados Unidos han logrado ahorrar 1 millón de dólares a través de sus salarios, inversiones y fondos de jubilación para sus años restantes. Así que, al considerar tu tiempo, piensa que si inviertes de cinco a diez años de tu vida en construir un negocio de Network Marketing sólido y sostenible, podrás crear una fuente de ingresos residuales mucho más rápidamente que con cualquier otro tipo de negocio.

«Si entendieras los ingresos residuales, atravesarías una pared de ladrillos para conseguirlos».

—ART JONAK

Una puerta a la independencia financiera

Expertos en negocios y finanzas de renombre, como Jim Rohn, Stephen R. Covey, Warren Buffet, John Maxwell, Les Brown, Richard Branson, Robert Kiyosaki, T. Harv Eker, Anthony Robbins, Jack Canfield, Paul Zane Pilzer, Brian Tracy y muchos más, han recomendado el Network Marketing como el negocio del siglo XXI. Existen numerosas razones para ello, pero la que considero más importante es el alto potencial de ganancias que ofrece con una inversión inicial baja y un riesgo mínimo en comparación con otros tipos de negocios.

Así como las franquicias fueron el negocio del siglo XX, el Network Marketing se posiciona como el negocio del siglo XXI. Este modelo comparte principios fundamentales con las franquicias, como el modelo de duplicación, que te guía sobre qué hacer y cómo hacerlo para alcanzar el éxito. Las franquicias representan el 35 % de los negocios en EE. UU. que son los más valorados en el mercado de valores. ¿Por qué la gente elige invertir en franquicias? Porque ofrecen mayores posibilidades de obtener un retorno pequeño pero seguro de su inversión. Y ¿por qué tienen más éxito que un negocio tradicional? Porque una franquicia se basa en un modelo de duplicación que ha sido probado una y otra vez, demostrando su efectividad. Si los propietarios de franquicias siguen las instrucciones paso a paso y cumplen con los procedimientos establecidos, pueden lograr los resultados deseados. Es como seguir una receta: si cambias un ingrediente o un paso, no obtendrás el resultado perfecto y, en el caso de una franquicia, podrías incluso perder los derechos de operación. Algo similar ocurre en un vuelo: sólo un pequeño grado de desviación en un vuelo de 3 horas podría llevarte a 1500 kilómetros de distancia de tu destino. Un pequeño cambio puede producir resultados completamente diferentes. No es necesario reinventar la rueda. El modelo de Network Marketing ha sido probado durante casi un siglo y ha demostrado su efectividad en generar ingresos residuales.

El Network Marketing combina lo mejor de los bienes raíces: los ingresos residuales, con lo mejor de las franquicias: el modelo de duplicación. Y lo más crucial es que obtienes el potencial de ambos vehículos financieros con una inversión mínima.

«Los emprendedores deben amar lo que hacen de tal manera que hacer lo que aman valga la pena el sacrificio y, a veces, el dolor. Pero hacer cualquier otra cosa, creemos, sería inimaginable».

—HOWARD SCHULTZ, fundador de Starbucks

Notas

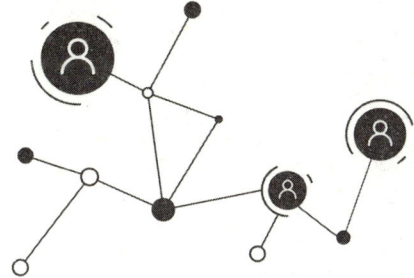

Capítulo 4

Los visionarios ven las cosas de manera diferente

«El verdadero valor de una visión radica en su capacidad para motivarte a renunciar en cualquier momento a todo lo que eres, con el fin de recibir todo lo que puedes llegar a ser».

—JOHN C. MAXWELL

Este capítulo se centra en la visión y la capacidad de soñar en grande. Se anima a los lectores a visualizar claramente sus metas y a reconocer que hay personas esperando por su liderazgo. Se establece que los líderes deben agregar valor a los demás y que la motivación personal es esencial. Se discute la importancia de salir de la zona de confort y cómo establecer metas inspiradoras puede ser un motor de cambio.

Finalmente, se enfatiza que al duplicar esfuerzos y estrategias efectivas, se pueden alcanzar resultados sobresalientes.

¿Puedes verlo claramente?

Una visión clara y bien definida determina lo que realmente es importante en la vida, no lo que simplemente es urgente. En un mundo lleno de distracciones y ruido externo, es esencial que te concentres más intensamente en tu visión. No puedes construir una visión duradera basada en la urgencia; primero, necesitas buscar la satisfacción y la claridad en tus objetivos. Es fundamental que siempre seas proactivo en lugar de reaccionar únicamente a los asuntos urgentes del día a día. Muchas personas se convierten en adictas a realizar sólo las tareas urgentes que surgen en su vida, y en el proceso, pierden de vista la visión de lo que realmente quieren lograr.

Un networker millonario posee una visión clara del futuro y sabe exactamente hacia dónde llevar a su equipo. Tener una visión bien definida es mucho más que simplemente saber a dónde quieres ir; implica tener una comprensión profunda y clara del camino que te llevará al éxito. Esta visión es crucial, especialmente durante los momentos desafiantes que seguramente enfrentarás a lo largo de tu trayectoria como networker.

«Aquellos que están dispuestos a renunciar a la libertad esencial por la búsqueda de un poco de seguridad temporal, no merecen ni libertad ni seguridad».

—BENJAMIN FRANKLIN

Las personas siguen a líderes que poseen una visión clara de su destino. Al igual que los líderes no tienen todas las respuestas para cada situación complicada, no es necesario saberlo todo; lo importante es tener una dirección clara hacia donde se está dirigiendo en todo momento. Incluso si no conoces el resultado de una circunstancia específica, cuando te enfocas en una visión clara y sabes lo que deseas lograr, la gente confiará en ti y te seguirá.

> Una visión clara y bien definida determina lo que es importante en la vida, no lo que simplemente es urgente.

Ser tu propio jefe es una ventaja increíble si estás preparado para asumir la responsabilidad que conlleva. Para algunas personas, esto puede convertirse en un arma de doble filo. Necesitas tener una visión clara y una agenda detallada que te sirva de guía en la búsqueda de tus sueños. Para aquellos que han sido empleados durante mucho tiempo, puede ser más complicado organizarse, ya que están acostumbrados a depender de un jefe que les indicaba cada paso a seguir. Ahora, es fundamental que aprendas a organizarte, estableciendo prioridades basadas en tu visión y eliminando todas las distracciones innecesarias. Todos disponemos de las mismas 24 horas al día, tanto los que alcanzan el éxito como aquellos que no lo logran. Por lo tanto, debes ser celoso con tu tiempo y organizarte diariamente, utilizando tu visión como tu principal fuente de motivación.

«El tiempo es más valioso que el dinero. Puedes conseguir más dinero, pero no puedes recuperar el tiempo perdido».

—JIM ROHN

¡Tengo un sueño!

Durante un viaje reciente a Washington D. C., visité el Monumento a Lincoln y me paré en el mismo lugar donde Martin Luther King Jr. pronunció su famoso discurso «Tengo un sueño». En 1963, logró reunir a 250 000 personas sin el poder de las redes sociales, simplemente porque tenía un sueño y, curiosamente, lo hizo todo a través del poder del boca a boca.

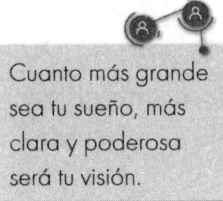

Cuanto más grande sea tu sueño, más clara y poderosa será tu visión.

Una visión clara y decidida comienza con un gran sueño. Ningún gran logro se alcanza sin haber soñado antes. Nunca permitas que nadie te haga sentir que tus sueños son demasiado pequeños o insignificantes para ser alcanzados, o que no puedes realizarlos. Nunca se ha dicho que los sueños sean fáciles de alcanzar, de lo contrario, no serían sueños, sino realidades. Mantén tu visión centrada y haz de tus sueños el núcleo de tu propósito. Cuanto más grande sea tu sueño, más clara y poderosa será tu visión.

«Creo que si eres un emprendedor, tienes que soñar en grande y luego soñar aún en más grande».

—Howard Schultz

La gente te está esperando

Todos enfrentamos problemas en la vida, y las personas exitosas a menudo se encuentran con más desafíos que los demás, porque se esfuerzan más y lo intentan una y otra vez hasta alcanzar sus metas. A veces, los errores proporcionan oportunidades muy valiosas para el crecimiento y te enseñan cómo avanzar hacia tus objetivos de manera más rápida y efectiva. La sabiduría y la experiencia que acumulas a lo largo de los años te otorgan la capacidad de anticipar las dificultades que se presentarán en el futuro cercano. Lo mismo ocurre con un piloto de avión: cuantas más horas de vuelo tengas, mejor preparado estarás para enfrentar las tormentas que puedan surgir.

Un gran líder siempre está mirando más allá de las dificultades, guiándote hacia donde necesitas ir y qué debes saber para llegar a donde deseas estar. Comparte con tu equipo estos cuatro principios probados que siguen los visionarios:

- No prestes atención a los críticos escépticos.
- Entrena a tu equipo para que no se sientan abrumados por los desafíos.
- Anímalos a buscar soluciones simples y efectivas.
- Siempre infunde confianza en ellos, brindándoles apoyo constante.

Un gran líder dedica todo el tiempo necesario para hacer tantas preguntas como sea posible, con el fin de identificar los sueños y aspiraciones de los demás. Ésta es la única manera de poder guiar a tu equipo de manera efectiva. Tomar el título de líder conlleva muchas responsabilidades, y se necesita un gran corazón para guiar a las personas hacia la realización de sus sueños. No es una tarea sencilla, pero puedes aprender a ser un líder con el tiempo y la experiencia, desarrollando un interés genuino por el bienestar de los demás.

Los líderes agregan valor a los demás

Las personas sólo siguen a los líderes que los inspiran no sólo por lo que han logrado, sino también por la persona en la que se han convertido a lo largo de su camino. Un líder inspirador está dispuesto a agregar valor constantemente a sus seguidores. Ésta fue una de las primeras lecciones que aprendí de mi mentor y formador, John C. Maxwell. Cuando lo conocí, repetía incesantemente: «Los líderes agregan valor a los demás». Después de escuchar este principio muchas veces, comprendí dos cosas fundamentales. La primera es que si no agrego valor en cada interacción con mi equipo, mi capacidad de liderazgo se debilita. La segunda es que la mejor manera de agregar valor a las personas es inspirándolas a convertirse en mejores individuos y a buscar mayores logros en sus propias vidas. Ésta es una de las responsabilidades más importantes de un patrocinador. Tus nuevos asociados necesitan tus constantes palabras de aliento y apoyo. Necesitan saber que crees en ellos y que estás ahí para ayudarles a superar cualquier situación difícil que puedan enfrentar.

> Un líder inspirador está dispuesto a agregar valor constantemente a sus seguidores.

«Nunca se sabe cuándo un momento y unas pocas palabras sinceras pueden tener un impacto profundo en una vida».

—Zig Ziglar

Todo el mundo está observando lo que haces, y a la gente le gusta seguir a líderes positivos y entusiastas. A nadie le resulta atractivo seguir a un líder negativo o pesimista, especialmente en esta industria. ¿Eres un imán que atrae a personas con las mismas virtudes, fomentando una actitud positiva y entusiasta? Si no es así, debes practicarlo todos los días hasta que se convierta en una segunda naturaleza.

¿Qué te motiva?

Un líder con verdadera pasión conecta con el corazón y despierta las emociones ocultas que han estado dormidas en el mundo frío y tradicional. Cuando las necesidades reales de tu gente están claramente definidas, entonces puedes elevarlos a un estado emocional que les proporcionará la pasión necesaria en su día a día para superar todos los obstáculos que la vida les presente. La pasión es la emoción que impulsa a la acción e inspira a las personas a seguir una visión clara, persiguiendo su sueño sin importar cuántos obstáculos se crucen en su camino.

> La pasión es el amor profundo que impulsa a las personas decepcionadas y desanimadas hacia un estado de esperanza, donde pueden alcanzar sus sueños.

La pasión proviene del corazón, que es el centro de todas las emociones. Es el amor profundo que impulsa a las personas decepcionadas y desanimadas hacia un estado de esperanza, donde pueden alcanzar sus sueños. La pasión es una emoción poderosa que motiva a todos a lograr cosas que antes parecían imposibles bajo circunstancias adversas y difíciles. La pasión enciende una fuerza invisible que reside en todos nosotros, y es la chispa más poderosa que puede encender a una multitud entusiasta. Una persona llena de pasión genera la energía necesaria para seguir avanzando, incluso durante los momentos más desafiantes de su vida.

«Cuando estás rodeado de personas que comparten un compromiso apasionado en torno a un propósito común, todo se vuelve posible».

—Howard Schultz

Sal de tu zona de confort

La zona de confort es un estado aparentemente cómodo que, en realidad, puede conducir a una muerte en vida, y es considerada como una de las condiciones más peligrosas que puede experimentar el ser humano. Esta zona representa la justificación perfecta para no hacer, no creer y evitar arriesgarse en la vida. Tu cerebro es el músculo más fuerte e importante de tu cuerpo, y es precisamente tu mentalidad la que puede impulsarte a salir de tu zona de confort y ayudarte a alcanzar tu máximo potencial en todas las áreas de tu vida.

«El mayor riesgo es no correr ningún riesgo».

—Mark Zuckerberg

Tu mayor logro hasta la fecha es simplemente una señal del nivel más bajo que eres capaz de alcanzar. Si no puedes repetir ese logro una y otra vez, has caído en las garras de tu zona de confort. Cuando descubres que posees un potencial ilimitado, nunca volverás a permitir que la zona de confort te limite. Aquí te presento algunas de las razones más comunes por las cuales las personas caen en su zona de confort:

- Se desconectan de una visión poderosa y transformadora.
- No creen que puedan elevarse aún más alto.
- Se sienten cómodos con sus logros pasados o se conforman con su nivel más bajo.
- Quedan atrapados en distracciones que les desvían de su camino.

No sé si te encuentras en alguna de estas categorías, pero si has llegado a una meseta en tu vida o en tu negocio, te animo a que realices un autoanálisis profundo y descubras si alguna de estas razones puede ayudarte a liberar el inmenso poder que llevas dentro. Mantente abierto al cambio y busca siempre la excelencia en todo lo que emprendas.

«El éxito es alcanzar el nivel más alto, pero dominar tu éxito es entender que tu nivel más alto no significa nada a menos que puedas repetirlo una y otra vez».

—Alex Hoffmann

Tus metas te inspiran todos los días

«Revisa tus metas dos veces al día para concentrarte en alcanzarlas».

—Les Brown

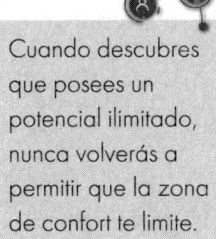

Cuando descubres que posees un potencial ilimitado, nunca volverás a permitir que la zona de confort te limite.

Las metas son el elemento de medición fundamental que te permite probar si realmente vas a lograr tu visión. Los objetivos son como un jefe que te vigila a diario y te empuja hacia adelante. Si no estás acostumbrado a trabajar con metas y no te gusta que te supervisen, entonces puede que no estés preparado para avanzar hacia el objetivo de tus sueños. Cuando tus sueños no te impulsan a la acción diaria y masiva, es porque tu sueño es demasiado pequeño o tu visión es muy limitada. Tener una agenda diaria de trabajo te ayudará a organizarte eficazmente y a lograr cada una de tus actividades paso a paso.

Sin metas, eres como un barco a la deriva en un vasto océano. Establecer metas es uno de los principios básicos y esenciales para alcanzar el éxito. Establecer y revisar constantemente tus objetivos, comprometerte con la acción y reportar tu progreso semanalmente aumentará significativamente los resultados en tu negocio.

«Las personas no son perezosas, simplemente tienen metas impotentes, es decir, metas que no las inspiran».

—ANTHONY ROBBINS

Tus objetivos deben ser lo más específicos y detallados posible, y deben incluir un plan de acción claro. Tu mente no entiende la ambigüedad. Por ejemplo, si dices que quieres ganar más dinero, eso no es específico. Si afirmas que deseas tener más éxito, eso tampoco es específico. Estoy seguro de que ya tienes lo que estás pidiendo. En muchas ocasiones, escucho a personas que expresan que quieren ganar un millón de dólares en su primer año, pero nunca antes lo han ganado. Ése no es un objetivo realista.

Si te pones una meta inalcanzable, es probable que te desanimes y nunca logres alcanzarla. Debes dividir el objetivo en partes manejables y digeribles. De esta manera, puedes creer en tu meta, entenderla mejor y lograrla más rápido. Volviendo al ejemplo de ganar un millón de dólares, es una buena meta; sin embargo, el período de tiempo de un año es irreal para la mayoría de las personas. Puedes comenzar estableciendo un objetivo de mil dólares a la semana. Luego, trabaja para alcanzar diez mil dólares al mes. Después, establece como meta llegar a cien mil dólares al año, y así sucesivamente hasta alcanzar el millón de dólares. De esta forma, a medida que logras metas más pequeñas, te sen-

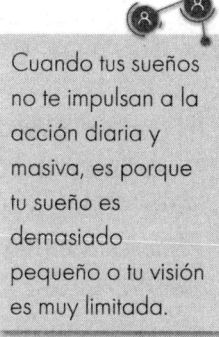

Cuando tus sueños no te impulsan a la acción diaria y masiva, es porque tu sueño es demasiado pequeño o tu visión es muy limitada.

tirás más motivado y tu mente se convertirá en tu aliada, en lugar de en tu enemiga. ¿Y si te propones la meta de alcanzar un millón de dólares en diez años? ¿Sabías que eso es lo que logra la persona promedio que trabaja a tiempo completo en esta industria en un plazo de siete a diez años? Si logras eso, estarás escribiendo una nueva y emocionante historia en tu propia vida.

«El objetivo es el "qué"; el plan de acción es el "cómo". El objetivo representa sólo el 20 %, mientras que el plan de acción representa el 80 %. Un objetivo sin un plan de acción es simplemente un sueño incumplido».

—ALEX HOFFMANN

Si duplicas, ganas

Éste es un negocio de duplicación. Si aprendes este principio esencial desde el inicio, te ayudará a construir un negocio que crezca más rápido y de manera más estable. Si las personas sienten que no pueden «duplicar» lo que estás haciendo, se descalificarán a sí mismas y ni siquiera se atreverán a intentarlo.

Llega un momento en que tu equipo comenzará a duplicar todo lo que haces, ya sea bueno o malo. Hablarán como tú, entrenarán como tú y patrocinarán a personas como tú. Incluso he visto a personas que imitan el movimiento y la forma de caminar de su mentor. Dado que todo se basa en el principio de duplicación, si deseas que tu negocio crezca exponencialmente, entonces debes hacer que todo sea fácil de duplicar. Por esta razón, es fundamental simplificar los procesos, para que cualquiera pueda seguirlos. Esto se aplica a todas las áreas. Cuanto más fácil resulte realizar cada tarea diaria, como presentaciones, llamadas, reuniones y seminarios web, más rápidamente crecerá tu negocio.

Un sistema de duplicación eficaz en Network Marketing se basa en varios principios clave que facilitan el crecimiento y la expansión de la red. Aquí comparto algunas de las más importantes:

1. Simplicidad: Debe ser fácil de entender y seguir.
2. Formación: Proporciona formación constante sobre productos y técnicas de venta.
3. Herramientas: Ofrece materiales de marketing y plataformas digitales para atraer clientes y distribuidores.
4. Mentoría: Establece un sistema donde miembros experimentados apoyen a otros nuevos.
5. Metas: Ayuda a establecer objetivos claros y alcanzables.
6. Reconocimiento: Celebra logros para motivar a los miembros.
7. Comunicación: Mantén comunicación abierta y constante.
8. Adaptabilidad: Ajusta el sistema según las necesidades de los miembros.

Implementar estos principios puede ayudar a construir un sistema de duplicación que no sólo sea efectivo, sino también sostenible en el tiempo.

Tener un plan de duplicación es crucial para obtener la seguridad de lograr resultados en el menor tiempo posible.

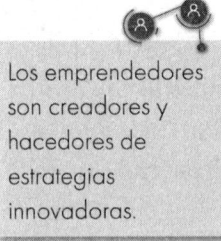

Los emprendedores son creadores y hacedores de estrategias innovadoras.

Ésa es la clave de la franquicia: contar con un modelo de resultados probados. Un plan de duplicación también se conoce como un sistema de éxito. Cada empresa tiene un plan de duplicación que puede ser denominado plan de crecimiento, plan estratégico o plan de incentivos. Si tu empresa no cuenta con uno, te animo a que crees uno. Los emprendedores son creadores y hacedores de estrategias innovadoras. Busca planes de 90 o 45 días y sigue uno que resuene contigo.

Los mejores planes de duplicación que he conocido provienen de los asociados más exitosos en el campo, y luego la empresa los adopta y los convierte en sus propios planes. A veces, las empresas crean un plan de duplicación sin el apoyo de los asociados, y eso rara vez tiene éxito. He visto muchos planes corporativos que carecen de experiencia práctica en el sector, y fallan porque su diseño puede ser bueno en teoría, pero en la práctica no funcionan.

«En el Network Marketing, no importa lo que funcione. Lo único que realmente importa es lo que se duplica».

—Eric Worre

Notas

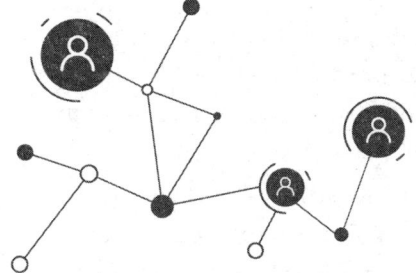

Capítulo 5

El poder de las creencias

> *«Lo que podemos o no podemos hacer, lo que consideramos posible o imposible, rara vez es una función de nuestra verdadera capacidad. Es más probable que sea una función de nuestras creencias sobre quiénes somos».*

> —Anthony Robbins

En este capítulo, se analiza la influencia de las creencias en el éxito personal y profesional. Se reflexiona sobre la profundidad de las creencias que cada persona sostiene y cómo éstas afectan su desempeño. Se destaca la importancia de creer en el producto y en el plan de compensación, así como la necesidad de hacer de la empresa una extensión de uno mismo. Se presenta el Network Marketing como un vehículo hacia la libertad financiera, y se concluye que, aunque cualquiera puede tener éxito, no todos están dispuestos a trabajar por ello. Además, se promueve el uso de afirmaciones diarias como herramienta para fortalecer la mentalidad positiva.

Normalmente, planificamos nuestras vidas de acuerdo a nuestras creencias, y nuestro comportamiento se deriva de un sistema de creencias profundamente arraigado. Nuestro cerebro considera las creencias y las realidades como verdades inamovibles, y la única forma de transformarlas es a través de afirmaciones positivas y poderosas. Por ejemplo, nuestra relación con el dinero está intrínsecamente relacionada con las creencias que se han almacenado en nuestra mente subconsciente desde nuestra infancia. Puedes crear historias cautivadoras sobre tus sueños, pero si hay una sombra de duda, esa duda te frenará en la búsqueda de lo que realmente deseas. La confianza que te permite sentirte cómodo proviene de la creencia firme de que eres capaz de lograr mucho más.

Piensa en una de las áreas de tu vida en las que eres increíblemente feliz. Reflexiona sobre por qué eres tan feliz en esa área. ¿Son tus condiciones de vida las que te brindan esa satisfacción profunda y duradera?

Todos poseemos un sistema de creencias que actúa como un mapa, y es la fuerza que nos guía cada día en los pensamientos y acciones que tomamos. Este sistema de creencias influye en tu comportamiento, y es lo que te ha llevado a alcanzar lo que tienes en la vida, o a no alcanzar lo que deseas. En otras palabras, tu sistema de creencias crea tu realidad. Si no has logrado lo que deseas, entonces necesitas comenzar a trabajar en la transformación de tu sistema de creencias. Tu sistema de creencias te proporciona una certeza emocional frente a los desafíos que pueden amenazar tus capacidades.

¿Cómo de profundas son tus creencias?

En este capítulo, se analizarán cinco creencias fundamentales que te permitirán desarrollar una base sólida para los principios que seguirán. La palabra «creer» es un verbo de acción, una palabra dinámica y poderosa. Cualquiera que logre metas significativas en la vida lo hace porque cree que es posible y, por lo tanto, realiza acciones masivas para lograrlo. «Creer» implica tener fe en ti mismo y confianza en diversos factores. Si deseas convertirte en un networker millonario, es imprescindible que desarrolles el más alto nivel de creencia en las siguientes cinco áreas:

1. El producto
2. El plan de compensación
3. La empresa
4. La industria
5. Tú mismo

Producto del producto

Creer en el producto es el primer y más básico paso hacia el éxito. Es la creencia más fácil de adoptar, porque si el producto de tu empresa es realmente bueno, tu fe en él crecerá a medida que comiences a experimentar sus beneficios. Hay un dicho ampliamente conocido en la industria que todos los networkers deben aprender: «Sé un producto del producto».

Convertirse en un «producto del producto» significa que has experimentado los beneficios y resultados de todos los productos que ofreces, y nadie puede refutar tu testimonio. La mayoría de las personas se unen al negocio porque escucharon testimonios inspiradores de alguien que obtuvo resultados positivos. Ser un producto del producto implica que debes convertirte en el mayor consumidor de todos los productos de tu empresa. Tienes que probarlos todos y conocerlos mejor que nadie, para que puedas transmitir confianza al hablar de ellos.

Al principio, no es necesario que conozcas todos los detalles de los productos, ya que no todas las personas podrán entender o estarán interesadas en ello. Así que el primer paso siempre será probar los productos, sin importar qué producto vendas. ¿Sabes por qué? Porque un testimonio es irrefutable; nadie puede decir que no a tu experiencia. Un testimonio es energía. Se basa en tu propia convicción, y si lo compartes con pasión y entusiasmo, la gente lo sentirá y se conectará contigo.

Mientras desarrollas tu testimonio y experimentas el producto, puedes «tomar prestado» el testimonio de tu patrocinador o de la persona que te invitó a unirte a la empresa. Es fundamental que creas en el producto, ya que su consumo es lo que genera volumen y, en consecuencia, comisiones e ingresos residuales. Si alguna vez escuchas a alguien diciendo que el producto no es importante, aléjate, porque estás frente a un esquema piramidal.

> Prueba los productos, sin importar qué producto vendas.

El producto es uno de los pilares fundamentales de la empresa. Cuanto más consumible sea el producto, más posibilidades tendrás de generar ingresos residuales. Las 25 principales empresas de la industria que han perdurado durante muchas décadas no sólo ofrecen bienes y servicios consumibles, sino que también cuentan con fórmulas y tecnologías únicas en belleza, nutrición, hogar, moda, tecnología y mucho más. A esto se le llama ventaja competitiva, y cuantas más ventajas competitivas tengan tus productos, más amplio será el mercado que podrás abarcar. De hecho, en mis más de dos décadas de experiencia en la industria, he sido testigo de cómo muchas empresas de un solo producto han crecido rápidamente, pero también han caído rápidamente, a menos que amplíen su catálogo de productos.

Conoce el plan de compensación

Otro producto importante es el plan de compensación. Lo considero un producto esencial, porque debes conocerlo tan bien como los productos que consumes todos los días. También promocionarás el plan de compensación de la misma manera que los productos consumibles, por lo que todo lo que mencioné anteriormente sobre los productos también se aplica al plan de compensación. Algunas de las preguntas más frecuentes que me hace la gente son: «¿Qué es más importante: el producto o el plan de compensación?», «¿Debo liderar con el producto o con el plan de compensación?». No existen empresas auténticas que se centren más en un aspecto que en el otro. Aquellos que se enfocan más en el dinero que en el producto suelen ser esquemas piramidales. Así que ten mucho cuidado con el tipo de empresas que buscan enriquecerse rápidamente. El producto y el plan de compensación son los vehículos que te llevarán hacia la libertad financiera; ambos deben trabajar en perfecta armonía. En el Network Marketing no hay plan de compensación sin un producto, y no hay producto sin un plan de compensación.

Cuanto mejor conozcas tus números, más seguro estarás de tus ganancias. No necesitas ser un experto en finanzas o planes de compensación, pero debes conocer bien los números. Cuando digo números, me refiero a todos los diferentes incentivos y estructuras de bonificación que la empresa te ofrece. Recuerda que para una persona nueva que nunca ha estado involucrada en la industria, puede ser difícil entender el plan de compensación durante la primera explicación. ¿Recuerdas la primera vez que aprendiste sobre el plan de compensación? Explícalo como si fuera tu primera vez. Usa términos simples y un vocabulario fácil de entender. Pídeles que te lo expliquen para que puedas aclarar cualquier término o concepto.

Uno de mis primeros mentores me dijo en mis primeros años: «Trabaja en el plan y el plan funcionará para ti». Si cumples con los requisitos del plan de compensación, podrás disfrutar de las ganancias que genera. Si conoces todos los detalles, siempre podrás aprovechar todas las promociones e incentivos que tu empresa ofrece. Debes creer firmemente que el plan de compensación puede ayudarte a ganar dinero a corto, medio y largo plazo. También puede brindarte esa tan deseada libertad financiera, que es uno de los mayores beneficios de nuestra maravillosa profesión.

Haz que la empresa sea parte de ti

«Cuando una empresa comienza con el "por qué", como Apple o Harley Davidson, la gente se siente atraída por su visión, no sólo por el producto; desean ser parte de algo más grande, de algo que les permita encajar y contribuir. La gente no compra lo que haces; compra por qué lo haces».

—Simon Sinek

Una vez que hayas aprendido los conceptos básicos sobre el plan de compensación, estarás listo para elegir la empresa adecuada para ti. ¿Y cómo puedes saber cuál es la empresa perfecta para tus necesidades y aspiraciones? Al finalizar este libro, tendrás suficiente información valiosa para tomar una decisión informada. La primera característica esencial de una gran empresa es que se basa en valores éticos sólidos, los cuales constituyen una base firme que la preservará durante muchos años. Alinea tu filosofía personal con la filosofía de tu empresa. El Network Marketing es un estilo de vida enriquecedor. Si valoras la libertad, la salud, el bienestar y una comunidad solidaria y amigable, entonces debes centrarte en encontrar una empresa que posea esas características y que pueda ayudarte a alcanzar tus objetivos a corto, medio y largo plazo.

Uno de mis mentores me explicó que los valores de una empresa son como las raíces de un majestuoso roble. El tronco representa el plan de compensación. Las ramas son la atención al cliente. Las hojas simbolizan el marketing. Los frutos son los productos. Las operaciones son los nutrientes y fertilizantes que proporcionas al árbol todos los días. Esta analogía me ayudó a comprender que para tener un negocio sólido, como un robusto roble, debo apoyarme en varias áreas diferentes y no sólo en una. El éxito de una gran empresa es un factor multidimensional. Utiliza las siguientes áreas como una lista de verificación para evaluar y elegir la mejor empresa para ti.

Alinea tu filosofía personal con la filosofía de tu empresa.

a. Sólida base financiera

Es esencial que la empresa cuente con una base financiera sólida para realizar las inversiones necesarias durante un largo período de tiempo. No todas las empresas hacen las cosas bien desde el principio, ya que esto requiere inversiones financieras significativas. Algunas empresas pueden no tener el capital necesario para invertir en todas las áreas importantes del negocio o no estar dispuestas a hacer las inversiones adecuadas.

b. Productos únicos

Los productos diferenciados te brindarán una ventaja competitiva en el mercado y te permitirán destacarte entre miles de otros productos. Cuanto más consumible sea tu producto, mayor será tu participación en el mercado.

c. Herramientas de marketing

Es fundamental contar con herramientas de marketing que te permitan promocionar tanto el producto como el plan de compensación. En los últimos años, la tecnología ha avanzado hasta tal grado que estas herramientas pueden ser electrónicas y, sobre todo, fácilmente duplicables en los diferentes canales de comunicación, como redes sociales, medios audiovisuales, capacitaciones virtuales y más.

d. Operaciones eficientes

Es vital que tu empresa tenga la infraestructura necesaria para producir, mantener y distribuir inventarios de manera eficiente. Esto asegurará la satisfacción del cliente y fomentará la recompra, que es la base de los ingresos residuales.

e. Servicio al cliente excepcional

Proporcionar un servicio de la más alta calidad, donde la satisfacción del asociado sea una prioridad para la empresa. La misión y visión de los fundadores juegan un papel fundamental en esta área, y las empresas más exitosas son aquellas que operan bajo esos valores fundamentales. Por lo tanto, ten en cuenta estas áreas importantes al evaluar una empresa, y también evalúate a ti mismo para ver si estás haciendo todo lo que puedes y debes hacer para alcanzar el éxito.

f. Plan de compensación

A lo largo de este capítulo, he mencionado la importancia de aprender y conocer el plan de compensación. Además de eso, debes asegurarte de que tu plan de compensación cuente con las características necesarias para ser competitivo en esta era tecnológica y que pueda brindarte la libertad financiera que tanto deseas.

> *«La gente se ha acercado a mí a lo largo de los años y me ha dicho: "Admiro la cultura de Starbucks. ¿Puedes venir a dar un discurso y ayudarnos a cambiar nuestra cultura?". Ojalá fuera así de fácil. Transformar una cultura es un desafío complicado, porque se basa en una serie de decisiones, y la organización está enmarcada por esas decisiones».*

—Howard Schultz, fundador de Starbucks

Tu vehículo más rápido hacia la libertad financiera

La industria del Network Marketing opera de una manera muy diferente a los negocios tradicionales y al marketing convencional. Entender cómo funciona te brindará la con-

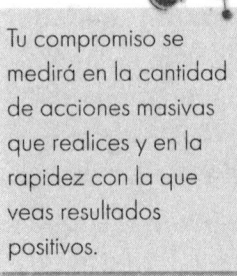

Tu compromiso se medirá en la cantidad de acciones masivas que realices y en la rapidez con la que veas resultados positivos.

fianza necesaria para actuar todos los días. Una de las claves para el éxito en el Network Marketing es descubrir todas las ventajas que ofrece esta extraordinaria industria. Desafortunadamente, hay personas poco escrupulosas y mal informadas que han creado una imagen negativa, prometiendo más de lo que realmente se puede lograr para beneficiarse rápidamente.

Durante casi un siglo, la industria del Network Marketing ha experimentado un crecimiento constante, convirtiéndose en una profesión muy respetada en todo el mundo. En el capítulo 3, proporcioné mucha información sobre la industria, así como detalles que amplían tu conocimiento y visión sobre el poder del Network Marketing.

En las últimas tres décadas, algunos de los negocios independientes más exitosos han sido franquicias. Tuvieron tanto éxito que durante muchos años, cualquier gran idea se transformó en una nueva franquicia. La razón principal es que, al comprar una franquicia, estás adquiriendo un manual que te guía hacia el éxito. Las franquicias se presentan como modelos de negocio a prueba de balas; si sigues las instrucciones, tienes garantizados ciertos resultados.

Al comenzar tu carrera, es fundamental elegir buenos patrocinadores que estén comprometidos con tu éxito. Pero si no tienes uno, no te preocupes, ¡puedes convertirte en ese patrocinador! Recuerda que tu éxito depende de ti. Hay muchos líderes y profesionales en el mundo que son huérfanos y nunca tuvieron padres que los guiaran o les enseñaran lo que debían hacer para alcanzar el éxito en la vida.

Cualquiera puede hacerlo, pero no todos están dispuestos

Aunque cualquier persona, sin importar su formación académica, título universitario o experiencia laboral, puede hacerlo, no todos están dispuestos a pagar el precio que implica desarrollar todo lo necesario para crear un negocio exitoso. Las claves del éxito que se presentan en este libro son los pasos iniciales para alcanzar tus objetivos, así como un termómetro para medir tu compromiso y determinación para lograrlo. Tu compromiso se medirá en la cantidad de acciones masivas que realices y en la rapidez con la que veas resultados positivos.

Uno de los rasgos más valiosos de esta industria es la libertad que puedes experimentar en diferentes áreas de tu vida. Para muchas personas, la libertad es uno de los valores fundamentales de la vida, un lujo que sólo unos pocos pueden disfrutar. Para mí, la libertad de tiempo es la más importante, ya que me brinda la capacidad de alcanzar mi máximo potencial para liderar y desarrollar un negocio fuerte y estable. La libertad de tiempo también se traduce en ser tu propio jefe. Sin embargo, si no tienes la disciplina necesaria para gestionar bien tu tiempo, esto puede convertirse en un arma de doble filo. Puede ser algo positivo para ti si no disfrutas de tener un jefe, pero hay personas que no pueden prosperar sin alguien que les indique qué hacer. Al principio, muchas personas no saben cómo aprovechar su tiempo, y en algún momento te encontrarás en una situación donde podrías perder tiempo en actividades triviales y posiblemente urgentes, en lugar de concentrarte en las cosas importantes que realmente contribuirán al crecimiento de tu negocio.

Algunas personas creen que comenzar un negocio a tiempo parcial desde su hogar es uno de los mejores planes para asegurarse una jubilación exitosa. No hay otro negocio que puedas iniciar con una inversión tan baja y convertirlo en un negocio millonario, como lo he hecho yo.

Los mayores gurús de las finanzas recomiendan el Network Marketing como una de las mejores maneras de iniciar tu propio negocio independiente. Algunas de las razones incluyen:

- Baja inversión requerida
- Modelo de negocio comprobado
- Formación y crecimiento personal incluidos
- Productos, servicio al cliente y sistemas proporcionados
- Opciones para expandirse internacionalmente
- Modelo de negocio accesible sin necesidad de conocimientos previos

La mayoría de las personas desean disfrutar de una vida plena y tener libertad en todas las áreas de sus vidas. Sin embargo, muy pocos están dispuestos a pagar el precio necesario para convertirse en verdaderos profesionales en esta industria. Como mencioné en el capítulo 2, puede llevarte 10 000 horas dominar esta profesión, lo que podría traducirse en un compromiso de 7 a 10 años. Prepárate y trabaja arduamente en ti mismo para lograr tus sueños; es completamente posible a través de esta profesión.

Tu fortaleza más valiosa

Ésta es, sin duda, la más importante de las cinco creencias, y es la que debes abordar con tu máximo esfuerzo personal y dedicación. Debes estar dispuesto a invertir tanto tiempo como dinero para capacitarte y transformarte en un profesional destacado en esta fascinante industria. Este proceso requerirá un esfuerzo diario significativo, pero es completamente factible y alcanzable. Es algo que puedes aprender y dominar si realmente deseas convertirte en un networker millonario. Esto es tan crucial que he decidido dedicar un capítulo completo al desarrollo personal, así que asegúrate de regresar al capítulo 6 tantas veces como sea necesario para comprender a fondo la importancia de crecer y evolucionar.

Como se mencionó en el capítulo 1, todo comienza en la mente. Éste es un concepto que me ha ayudado enormemente en mi trayectoria, y se trata de dos tipos diferentes de creencias con las que nuestra mente tiene que lidiar a diario. Por un lado, están las creencias limitantes, que son aquellas que nos incapacitan y nos impiden pensar y actuar de manera decidida en situaciones específicas. Por otro lado, tenemos las creencias empoderadoras, que nos ayudan a mejorar nuestra autoestima y confianza, porque potencian nuestras capacidades, dándonos la seguridad necesaria para enfrentar los retos diarios con valentía y determinación.

La gente te seguirá sólo si eres coherente con lo que dijiste que ibas a hacer. Un líder constante genera confianza a través de sus acciones, no sólo mediante palabras. Creer en ti mismo es el primer paso fundamental hacia la confianza. Cree firmemente que puedes lograr todo lo que sueñas y deseas.

¿Me han lavado el cerebro?

¿Cuántas veces has escuchado la frase: «Te han lavado el cerebro»? Ésta es una expresión muy común entre las personas nuevas en nuestra profesión. La gente la utiliza cuando no puede explicar lo rápido que has adoptado una nueva visión y cómo estás listo para perseguir tus sueños con determinación.

Que te «laven el cerebro» significa que estás preparado para cambiar tus viejos paradigmas y ver las cosas a través de un par de lentes diferentes. Implica que estás dispuesto a explorar tu subconsciente y transformar las creencias limitantes que te han impedido alcanzar tu máximo potencial. Así que si alguien te dice que te han lavado el cerebro, responde con algo como: «Sí, tengo mucha suerte, y tal vez tú lo necesites tanto como yo...».

Necesitamos que nos laven el cerebro a diario. La rutina diaria puede adormecer la mente de las personas, impidiéndoles seguir soñando y desarrollando su máximo potencial. A veces, tu jefe o incluso tus familiares más cercanos te dicen «deja de soñar y consigue un trabajo de verdad». Me encanta que esta industria te lave el cerebro más que cualquier otra profesión en el mundo. Es absolutamente necesario para superar la negatividad diaria y las creencias limitantes que no te han permitido cumplir tus sueños más ambiciosos.

«Leo 30 páginas al día, TODOS los días, porqué...
Estamos constantemente rodeados de negatividad,
distracciones y personas que han renunciado a sus
sueños. Sin embargo, he descubierto que podemos
protegernos absolutamente de ellos... Podemos
rodearnos de las mejores mentes, los pensadores más
grandiosos y los expertos más brillantes. ¿Cómo? ¡Lo
hacemos leyendo!».

—LES BROWN

Enciéndete con afirmaciones diarias

Las afirmaciones son la forma más rápida y efectiva de modificar tu sistema de creencias. Son simples acciones verbales que realizas diariamente y que pueden eliminar las creencias limitantes almacenadas en tu mente subconsciente, sobrescribiendo ese espacio con creencias empoderadoras. En los últimos años, han surgido muchas teorías innovadoras que han demostrado ser muy poderosas y han generado numerosos estudios que muestran cómo las personas pueden cambiar paradigmas negativos por creencias positivas simplemente trabajando en afirmaciones diarias.

Tu mente puede convertirse en tu mejor aliada o en tu peor enemiga. Entrenar tu subconsciente de manera constante puede tener un impacto profundo en tu transformación personal. Durante mi certificación con John Maxwell para convertirme en uno de sus formadores certificados, compartió un momento poderoso de su carrera. Un día, se preguntó: «¿Quién ha sido mi mayor enemigo en mi desarrollo personal?». Me sorprendió mucho cuando me respondió que era él mismo. Aprender a entrenar tu mente y dominar tu mente subconsciente te ayudará a convertirte en tu mejor aliado en el camino hacia el éxito.

*«Hasta que no hagas consciente lo inconsciente,
dirigirá tu vida, y lo llamarás destino».*

—CARL GUSTAV JUNG

El lenguaje que utilizamos es la manifestación más clara de nuestro subconsciente, así que sé consciente de lo que dices. Si hablas negativamente, tu subconsciente estará generando una realidad negativa en tu día a día, y ésa será la realidad que estarás creando para ti y tu negocio. Declara sólo lo que deseas lograr en primera persona, siempre incluyendo tu nombre completo y utilizando el tiempo presente. Nunca te califiques negativamente.

¿Haces bien las afirmaciones?

* Hazlas en primera persona.
* Utiliza un lenguaje positivo.
* Emplea el tiempo presente.
* Usa tu nombre completo para hacerlas tuyas.
* Dilas en voz alta para que puedas escucharte a ti mismo.
* Cuantos más sentidos utilices, más poderosas se volverán.

Aquí hay algunas de las afirmaciones que practico a diario:

* Yo, (tu nombre completo), tengo una mentalidad millonaria y positiva.
* Yo, (tu nombre completo), soy una persona sana, fuerte, feliz y completa.
* Yo, (tu nombre completo), soy un imán que atrae riqueza y libertad.
* Yo, (tu nombre completo), invierto dinero en activos para el bienestar de mi familia.

- Yo, (tu nombre completo), construyo un equipo ético y sólido, lleno de personas talentosas.
- Yo, (tu nombre completo), incorporo cada día los valores de mi empresa en mi vida y en la de mi equipo.
- Yo, (tu nombre completo), preservo un legado de éxito y abundancia para mi familia.

La mente gobierna el cuerpo, y cada pensamiento nutre una serie de reacciones químicas positivas o negativas en tu organismo. Basta con creer en algo, y generarás una respuesta poderosa. Si tienes pensamientos negativos, tu mente tenderá a dirigirse hacia lo negativo, creando así la realidad que experimentarás cada día. Si tu mente se enfoca en las posibilidades, entonces crearás esa realidad con cada una de tus afirmaciones y acciones.

Cuanto más específico seas con tu mente, más rápido obtendrás resultados visibles. Una vez, mientras trabajaba para alcanzar un puesto más alto en mi empresa, utilizaba afirmaciones diarias. Aunque usaba mi nombre completo, hacía el resto de las afirmaciones en tiempo futuro. Durante varios meses, no logré subir de puesto, hasta que asistí a un seminario y uno de los oradores me enseñó que las afirmaciones debían estar en tiempo presente. Ese mismo día, corregí mis afirmaciones y cambié todas mis contraseñas utilizando esas afirmaciones en tiempo presente. Al final de esa misma semana, ya había alcanzado mi nuevo puesto. Luego continué aplicando la misma técnica de forma constante hasta que alcancé el puesto más alto. Ahora lo aplico en todo lo que quiero lograr, y siempre funciona.

La mejor manera de realizar tus afirmaciones es utilizar tantos sentidos como sea posible y repetirlas tantas veces como puedas. Por la mañana y por la noche, párate frente a

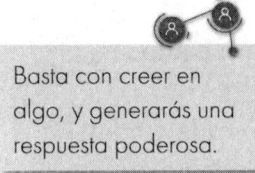

Basta con creer en algo, y generarás una respuesta poderosa.

un espejo. Tócate el corazón, la cabeza o cualquier parte del cuerpo en la que desees trabajar. Dilo en voz alta para que puedas escucharte y repítelo tantas veces como sea posible. No hay un lugar o momento específico para hacer tus afirmaciones. Puedes realizarlas en cualquier momento: en el coche, en la cocina, mientras haces ejercicio, en cualquier lugar que desees. Me encanta repetir mis afirmaciones cuando corro por la calle o cuando estoy conduciendo. No importa si la gente piensa que estás loco. Recuerda que si deseas convertirte en un networker millonario, tienes que estar dispuesto a pensar y actuar de manera diferente.

Tus afirmaciones irán evolucionando y cambiando según tus metas y logros. Tan pronto como comiences a alcanzar tus metas reales a través de tus afirmaciones, continuarás avanzando hacia tu próxima meta, y luego hacia la siguiente, y así seguirás evolucionando hacia tu máximo potencial. No hay límites para lo que puedes lograr.

Notas

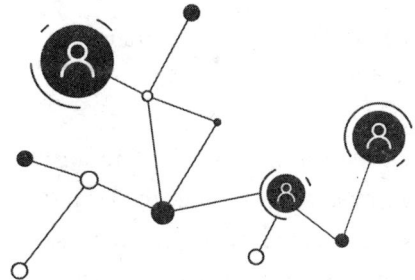

Capítulo 6

Sé la mejor versión de ti mismo

«Debes asumir la responsabilidad personal.
No puedes cambiar las circunstancias, las estaciones
o el viento, pero puedes cambiarte a ti mismo.
Eso es algo de lo que tú estás a cargo».

—JIM ROHN

Este capítulo se enfoca en el desarrollo personal y la mejora continua. Se subraya la importancia de la humildad, la disposición para aprender y el agradecimiento como pilares de una vida plena. Se discute la necesidad de ser sabio y buscar orientación, y se enfatiza la resiliencia como clave para superar obstáculos. También se menciona que el crecimiento personal ocurre en eventos y experiencias compartidas, instando a los lectores a afilar sus habilidades y mantenerse en constante evolución, convirtiéndose así en la mejor versión de sí mismos.

«Ser la mejor versión de ti mismo» no sólo implica un simple crecimiento personal; se basa en el concepto de que los seres humanos sólo usamos menos del 10 % de nuestras capacidades máximas. Esto incluye tu cerebro, tus emociones, tu cuerpo, tu espíritu y todos los recursos que se te han otorgado. Un gran número de personas entran en esta profesión principalmente porque desean convertirse en mejores versiones de sí mismos, y han escuchado que el Network Marketing puede satisfacer esa necesidad profundamente arraigada.

La calidad y el nivel de formación que se obtienen en esta industria pueden romper rápidamente paradigmas limitantes en tu vida y ofrecerte un salto cuántico en tu negocio como ninguna otra profesión. No hay otra profesión en la que el desarrollo personal juegue un papel tan crucial en el éxito de tu negocio. Un networker millonario es más conocido por la persona en la que se convierte que por los millones de dólares que gana. La transformación que experimenta es el resultado de las acciones diarias que elige tomar y es, sin duda, más valiosa que cualquier teoría o libro.

«Creo que la moneda del liderazgo es la transparencia. Tienes que ser sincero. No creo que debas ser vulnerable todos los días, pero hay momentos en los que tienes que compartir tu alma y tu conciencia con la gente y mostrarles quién eres, y no tener miedo».

—HOWARD SCHULTZ, fundador de Starbucks

Sé humilde

Una de las grandes dificultades que enfrenta la gente en esta vida materialista es el orgullo. He escuchado a un gran líder decir muchas veces: «Para crecer en el Network Marketing, necesitas tragarte tu orgullo». No hay espacio para el ego en este camino hacia el éxito. Para ser la mejor versión de ti mismo, la persona más importante en tu vida es tu nuevo prospecto, no tú. Debes asegurarte de estar siempre dispuesto a escuchar y ser humilde para comprender las necesidades de la otra persona. Esa humildad acelerará la velocidad de la confianza y podrá ayudar a tu nuevo cliente a alcanzar sus sueños más rápido de lo que imaginas.

«Se necesita humildad para buscar retroalimentación.
Se necesita sabiduría para entenderlo, analizarlo y
actuar apropiadamente en consecuencia».

—STEPHEN R. COVEY

Cuando comprendes que ya no se trata solo de ti, sino de cómo puedes ayudar a otros a alcanzar sus sueños y aspiraciones, entonces estás siendo la mejor versión de ti mismo. No se trata de cuánto dinero ganas. No se trata de cuánto sabes. No se trata de cuánto reconocimiento has recibido. No se trata de cuántos lugares has visitado en el mundo. Se trata de en cuántas vidas has impactado positivamente y a cuántas personas has servido en tu vida.

Sé receptivo al aprendizaje

Para poder aprender, necesitas estar dispuesto a desaprender los viejos hábitos que te están frenando en tu crecimiento. El Network Marketing es una profesión única, con su propia cultura y conjunto de reglas, que es muy diferente de cualquier otro negocio tradicional. Debes ser como una nueva esponja, abierta y dispuesta a absorber todo lo que recibes de tus líneas ascendentes, de la empresa y de los mejores mentores que puedas encontrar. Cuando abras tu corazón y tu mente para aprender y ser receptivo al aprendizaje, los maestros aparecerán en tu vida de maneras sorprendentes. No sólo aprenderás de tu línea ascendente y de los más experimentados, sino que a menudo también aprenderás pequeñas pero cruciales lecciones de las nuevas personas a las que sirves cada día.

«Cuanto más aprendo, más me doy cuenta de lo mucho que no sé».

—Albert Einstein

El aprendizaje es uno de los aspectos más fundamentales de la vida que nunca debe detenerse. No existe tal cosa como «lo sé todo y no necesito aprender más». Puedes comenzar a crear una realidad completamente diferente todos los días simplemente incorporando diversas técnicas en tu aprendizaje, como la respiración consciente, la meditación y la conexión con la naturaleza. Si inundas constantemente tu mente con las mejores fuentes positivas de inspiración y aprendes a ser receptivo al aprendizaje, te convertirás en tu mejor yo y te mantendrás más cerca de tu visión de éxito.

«Lo que separa el privilegio del derecho es la gratitud».

—BRENÉ BROWN

Sé agradecido

Comienza cada día con una actitud de gratitud profunda y sincera. Un corazón agradecido es un imán poderoso para los milagros. La gratitud no sólo puede aumentar la dopamina y la serotonina en tu cerebro, al igual que los antidepresivos, sino que también te conecta con una energía vibrante y positiva. Vivimos en la era del derecho, donde muchas personas sienten que deben recibirlo todo sin esfuerzo. Permíteme aclarar la diferencia entre tener derecho a algo y ser digno de recibir la abundancia que la Tierra tiene para ofrecer. Todos somos dignos de recibir la abundancia de la vida, y creo firmemente que hay suficiente abundancia para todos. Sin embargo, cuando te sientes con derecho a recibir cosas sin esfuerzo, te sientas a esperar que algo venga a ti sin una visión clara. Si eres agradecido todos los días y aplicas los principios de abundancia de la Madre Tierra, recibirás más y más cada día. Siempre hay algo por lo que estar agradecido. Sé agradecido incluso por las bendiciones más pequeñas que posees en la vida, para que puedas atraer más y más a tu vida cada día.

«La gratitud me permite enamorarme de mi vida todos los días».

—Marcia Martin

Agradece tu primer cheque de comisión, independientemente de la cantidad. Sé agradecido por tu transformación física y emocional. Agradece la oportunidad que tienes de ser parte de esta maravillosa industria que puede cambiar vidas. Agradece a tu equipo, tanto hacia arriba como hacia abajo. Agradece los talentos que estás desarrollando y que te acercan a tus metas. Agradece las muchas oportunidades que se abren cada día en tu vida. Agradece tener la oportunidad de sostener este libro en tus manos. Sé agradecido por la vida misma, el regalo más grande que todos tenemos.

«Cuando estás agradecido, el miedo desaparece y aparece la abundancia».

—Tony Robbins

Sé sabio

El conocimiento es poder; sin embargo, la aplicación del conocimiento es verdadera sabiduría. Hay tantas cosas nuevas que debes aprender y muchas viejas costumbres que necesitas desaprender. Cree en ti mismo, en la empresa y en tu equipo. Para convertirte en un networker millonario, debes ser sabio y aprender de los errores de los demás, así como emular el éxito de aquellos que han logrado cumplir sus sueños. El éxito se logra más rápidamente si trabajas a diario en convertirte en tu mejor yo. En general, si pudiera retroceder en el tiempo, utilizaría mi tiempo de manera mucho más inteligente. El tiempo es tu activo más valioso, incluso más importante que el dinero. No puedes recuperar el tiempo perdido, pero sí puedes recuperar el dinero. Por lo tanto, sé prudente con el tiempo e invierte en crear tu mejor yo. Hazlo a diario. Comienza ahora mismo y mantén la constancia. Da pequeños pasos todos los días y sigue adelante hasta que comiences a ver resultados tangibles.

> El tiempo es tu activo más valioso, incluso más importante que el dinero.

«No desearía que fuera más fácil, desearía ser mejor. No desees menos problemas, desea más habilidades. No desees menos desafíos, desea más sabiduría».

—JIM ROHN

¿Quién te va a mostrar el camino?

Los seres humanos, por naturaleza, no tienen ojos en la parte superior de la cabeza que les permitan ver sus propias acciones. A menudo, incluso ni siquiera escuchan lo que dicen. Para convertirte en un networker millonario, es esencial que comiences a evaluarte a ti mismo y que determines tus áreas de fortaleza y tus oportunidades de mejora. Además, cuando sea posible, busca un *coach* o mentor que te guíe en este viaje. La mejor definición que conozco de un *coach* es «una persona que te ayuda a ver lo que no puedes ver por ti mismo». Tal vez tu patrocinador o alguien en tu línea ascendente de patrocinio pueda desempeñar el papel de tu entrenador. A veces, incluso alguien a quien trajiste a la empresa podría convertirse en tu guía. Encuentra a alguien en quien confíes y a quien puedas otorgar autoridad en ciertas áreas específicas que desees desarrollar.

El valor de un *coach* radica en que puede ahorrarte tanto tiempo como dolor emocional. La diferencia entre tú y yo es que yo he pasado más tiempo cometiendo más errores que tú. He tenido varios *coaches* a lo largo de mi carrera, y los mejores líderes que conozco también cuentan con *coaches* y mentores que los apoyan. Todos los grandes líderes del mundo, desde presidentes de países hasta directores de empresas, atletas de alto rendimiento, actores y cantantes, tienen un *coach* que les ayuda a ver lo que no pueden ver por sí mismos. A menudo, las personas buscan ayuda sólo después de haber fracasado o tras perder algo significativo en sus vidas. Si no has pasado por ninguna de estas experiencias transformadoras, entonces sé sabio y comienza a buscar la orientación de un mentor o un *coach* que ya haya recorrido el camino del éxito. Esto te ahorrará tiempo y sufrimiento en el proceso.

Aprendí sobre el concepto de *coaching* a través de la inspiradora historia de un jugador de béisbol del Salón de la Fama. Este jugador dejó de batear jonrones debido a una cirugía en la espalda. Después de su recuperación, el entrenador se dio cuenta de que había cambiado ligeramente su postura al batear. Cuando el entrenador le mostró la diferencia y el jugador aceptó el entrenamiento y realizó el cambio necesario, comenzó a batear jonrones nuevamente. Un buen entrenador no te dice simplemente lo que estás haciendo mal o lo que necesitas cambiar. Un buen entrenador te ayudará a descubrir lo que no puedes ver y a poner en práctica el conocimiento que posees.

Sé resiliente

El significado de la palabra «resiliente» es volver a saltar, rebotar, regresar a la forma o posición original después de haber sido doblado, comprimido o estirado; recuperarse fácilmente de la enfermedad, la depresión o la adversidad. Me gusta el ejemplo de la fuerza de flotación; esta fuerza proviene de la presión ejercida sobre un objeto por un fluido. A medida que la presión aumenta con la profundidad, la presión en la parte inferior de un objeto siempre es mayor que la fuerza en la parte superior, lo que genera una fuerza neta hacia arriba. La fuerza de flotación está presente tanto si el objeto flota como si se hunde. Este ejemplo me enseña que una persona resiliente siempre está dispuesta a mantenerse a flote, sin importar las circunstancias adversas que la rodeen.

No tomes el rechazo como una afrenta personal contra ti. Debes estar dispuesto a recibir muchos «nos» y a enfrentar muchos rechazos cada día. Cuando alguien te rechaza o te dice «no», eso simplemente significa que no ha percibido el valor de tu oferta; sólo estás presentando algo que ellos aún no han comprendido. Asegúrate de conectarte primero con la persona y averiguar sus necesidades antes de ofrecerle cualquier cosa.

A la gente le gusta seguir a personas positivas y entusiastas. A nadie le gusta seguir a personas que son negativas o pesimistas, especialmente en esta industria. Ser resiliente te convertirá en un imán que atrae a personas de ideas afines y que comparten las mismas virtudes que tú.

*«Cuantos más obstáculos enfrentes y superes,
cuantas más veces flaquees y vuelvas a encarrilarte,
en cuantas más dificultades luches y cuantas más
conquistes, más resiliencia desarrollarás de manera
natural. No hay nada que pueda detenerte si eres
verdaderamente resiliente».*

—JIM ROHN

Afila tu sierra constantemente

*«Dame seis horas para talar un árbol y pasaré las
primeras cuatro afilando el hacha».*

—ABRAHAM LINCOLN

Capacita a tu equipo diariamente en las cinco áreas diferentes de creencias que aprendiste en el capítulo anterior. La formación es una de las cualidades más valiosas que puedes transmitir a tu equipo. Normalmente, las empresas brindan a sus distribuidores el «qué hacer» a través de materiales impresos, vídeos, catálogos y otros recursos. Sin embargo, el patrocinador debe ofrecer una formación más personalizada y efectiva a su equipo. Tienes que formarlos en el «cómo hacer las cosas» de manera práctica, como:

- Cómo utilizar los productos correctamente para maximizar sus beneficios.
- Cómo trabajar eficientemente en tu lista de contactos.
- Cómo llevar a cabo tu primera reunión con confianza.
- Cómo contactar a la gente todos los días de manera efectiva.
- Cómo realizar presentaciones exitosas en casa que generen interés y curiosidad.

Después de cubrir los conceptos básicos sobre «qué y cómo», puedes avanzar y trabajar en el crecimiento personal de tus nuevos distribuidores.

No cometas el error de abrumarlos con toda la información a la vez. Pregúntales qué quieren aprender primero. Recuerda que son tus nuevos clientes, y tienes que darles lo que realmente necesitan, no simplemente lo que tú deseas compartir. Un error común que cometen algunas personas es pensar que deben saber o experimentar todo desde el principio. Las personas más exitosas son aquellas que toman medidas de inmediato, incluso si no tienen toda la información o si no comprenden cada detalle desde el inicio.

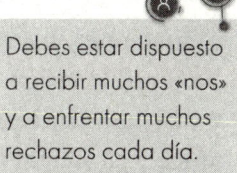

Debes estar dispuesto a recibir muchos «nos» y a enfrentar muchos rechazos cada día.

Tu crecimiento ocurre en los eventos

«Los eventos son una renovación de nuestra visión y compromiso, al igual que para una persona religiosa ir a la iglesia es una renovación de su fe».

—ALEX HOFFMANN

Los expertos en esta profesión siempre repiten esta frase: «Tu negocio crecerá de evento en evento». La razón es que las personas amplían su sistema de creencias, y por eso su negocio crece después de cada evento. ¿Por qué es tan crucial asistir e invertir en todos los eventos? Los eventos no sólo te motivan, sino que también te brindan conocimiento práctico de los líderes más exitosos que han recorrido el mismo camino que tú estás transitando ahora.

Los eventos están cargados de una energía única que no puedes replicar por ti mismo en otro momento. Las emociones, los testimonios, las experiencias compartidas, las capacitaciones, los reconocimientos y mucho más te proporcionarán la visión clara y la claridad que necesitas en tu día a día para superar el miedo y el rechazo. Cada evento es único y participar en todos ellos es esencial para tu crecimiento personal y profesional. Además, tus distribuidores harán lo que tú haces, y tú querrás duplicar los comportamientos correctos. Por eso siempre debes asistir junto con tu equipo a todos los eventos, fomentando un ambiente de unidad y aprendizaje colectivo.

La clave para transformar tu vida y tu negocio radica en estar siempre dispuesto a aprender, adaptarte y crecer. Con cada paso que das, te acercas más a convertirte en la mejor versión de ti mismo y a alcanzar tus sueños más ambiciosos. ¡Nunca subestimes el poder de un evento y la magia que puede generar en tu viaje hacia el éxito!

Notas

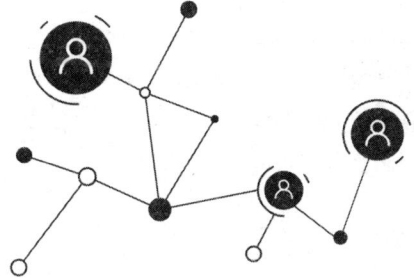

Capítulo 7

Actúa con determinación

«Todos estamos aquí por alguna razón especial.
Deja de ser prisionero de tu pasado. Conviértete
en el arquitecto de tu futuro».

—ROBIN SHARMA

En el capítulo final, se invita a los lectores a actuar con determinación y a convertirse en los arquitectos de su propio futuro. Se enfatiza la importancia de limpiar la mente a través de la meditación y técnicas de respiración para fomentar la creatividad. Se destaca que al cambiar el estado físico, se puede influir positivamente en el estado emocional y en los resultados obtenidos. Se concluye recordando que la persona más importante en tu vida eres tú mismo, y que al cuidar de ti y amarte, podrás compartir amor y energía positiva con los demás. Se anima a los lectores a desafiarse a sí mismos y a iluminar el mundo, transformándose en un networker millonario con un impacto significativo.

Tú eres el arquitecto de tu futuro

En el capítulo 1, mencioné una de las experiencias más poderosas que tuve con uno de mis mentores, Stephen R. Covey. El principio de que «todas las cosas son creadas dos veces» no sólo se aplica a este negocio, sino a todas las actividades de la vida. La primera creación ocurre en la mente, y la segunda se manifiesta físicamente. No hay absolutamente nada que hayas hecho en el mundo físico que no haya sido creado mentalmente primero. Comenzar con un fin en mente te ayudará a desarrollar una visión clara y precisa, lo que te proporcionará la estabilidad que necesitas para impulsar tu negocio hacia tus objetivos más ambiciosos. Un buen arquitecto diseña un plano detallado y luego construye sobre esa base. El plano no sólo te brinda la estructura fundamental de tu negocio, sino que también te mantendrá enfocado y motivado durante la construcción de tu éxito. Utiliza la rendición de cuentas como un principio clave para el crecimiento. Cuando compartes tu visión con tu equipo, te vuelves responsable de los demás, y esto te brinda el impulso necesario para lograr tu visión más rápidamente.

El campo cuántico lo tiene todo

En el fascinante mundo del campo cuántico, donde la energía y la materia se entrelazan de formas asombrosas, ya existe todo aquello que puedas imaginar. Cada idea, cada anhelo y cada sueño que has concebido en tu mente tiene una realidad potencial en este vasto universo cuántico. Esto implica que lo que deseas crear en tu vida y en tu negocio de Network Marketing ya está disponible para ti; sólo necesitas alinear tus pensamientos y emociones con esa visión deseada. Cuando te conectas con esta poderosa fuente de posibilidades, comienzas a atraer hacia ti las oportunidades y recursos necesarios para hacer realidad tus metas.

La clave para acceder a este potencial radica en tu capacidad para visualizar y sentir que ya has alcanzado esos objetivos, como si ya fueran parte de tu existencia. Al hacerlo, activas el potencial cuántico que te rodea, permitiendo que tus aspiraciones se materialicen en el mundo físico. Es fundamental que entiendas que cada vez que actúes con determinación es un paso crucial hacia la realización de esa realidad que ya existe en el campo cuántico. Así que, no dudes en soñar en grande y actuar con determinación, porque tu futuro, lleno de posibilidades y logros, ya está esperando a ser creado por ti. ¡La realidad que anhelas está al alcance de tu mano!

Limpia tu mente a través de la meditación

«Debes sentarte a meditar durante veinte minutos al día, a menos que estés demasiado ocupado; entonces deberías sentarte durante una hora».

—Antiguo dicho zen

¿Por qué es tan importante la meditación? Porque hay algunas preguntas en la vida que no pueden ser respondidas a través de Google. Cuando aquietas la mente y te permites un momento de calma, el alma te habla. La meditación te ayuda a descubrir esa respuesta que reside en lo más profundo de ti, y que sólo puedes encontrar en un espacio de tranquilidad y reflexión. La meditación es una herramienta poderosa para poner tu mente en un estado de reposo consciente, donde detienes todo el flujo externo de información y conectas con tu esencia interior. Al igual que el ayuno limpia tu cuerpo, la meditación limpia tu mente. Muchas culturas practican un ayuno mensual para eliminar toxinas del cuerpo. De igual manera, el ayuno mental es meditación. Es la mejor herramienta para pausar el exceso de información externa en tu mente, permitiéndote dejar de lado el pasado y el futuro, y enfocarte sólo en el presente. Desconéctate de los factores externos y concéntrate en la búsqueda interna de tu alma. La meditación es una desconexión de los impulsos externos que pueden distraerte y puede ayudarte a desintoxicar tu mente, dándote espacio para recibir nuevos pensamientos, nuevas ideas y una nueva vida. Recuerda que la creatividad es la madre de todos los inventos, y cuanto más clara esté tu mente, más creatividad podrás alcanzar. No se pueden crear o inventar nuevas ideas con una mente tóxica y llena de ruido.

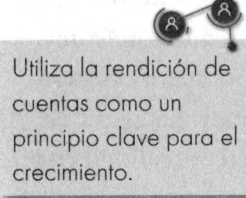

Utiliza la rendición de cuentas como un principio clave para el crecimiento.

Inspirar... Espirar...

La respiración es la principal fuente de vida y energía. Puedes sobrevivir días sin comer o beber agua, pero no puedes sobrevivir más de unos pocos minutos sin respirar. Dado que la respiración es un acto inconsciente, muchas personas dan por sentado lo poderoso que puede ser comenzar a realizar actos conscientes de respiración. La técnica 4x4 puede ser de gran ayuda en tus primeras prácticas de respiración. Inspira durante 4 segundos, mantén la respiración durante 4 segundos, espira durante 4 segundos y repite este proceso 4 veces. Comienza a practicar todos los días, al menos dos veces al día, y continúa practicando hasta que domines esta técnica sencilla pero poderosa.

Por ejemplo, las personas que fuman, si sólo respiraran más profundamente –como lo hacen cuando inhalan el humo del cigarrillo–, no estarían fumando. Ésta es una de las técnicas recomendadas para aquellos que desean dejar de fumar.

> No se pueden crear o inventar nuevas ideas con una mente tóxica y llena de ruido.

Cuando quiero relajarme o liberar estrés, respiro profundamente, y eso cambia mi estado físico y emocional de inmediato. Espero que entiendas que nuestro cuerpo es una entidad completa; no se trata sólo de mente o cuerpo. Te invito a redescubrir tu cuerpo, tus emociones y tus sentidos, y a salir del modo piloto automático que no te ha permitido alcanzar todo tu potencial.

Empieza a practicar y vuelve a enamorarte de tu cuerpo. Aprende a conocer tu estado de ánimo y a controlar tus emociones para que no te controlen a ti. Recuerda que tú eres el arquitecto de tu vida, y, en última instancia, eres el único que tiene el control sobre tu vida. Sólo las personas ricas y poderosas controlan su mente y todo lo que se genera a partir de ella.

Que la creatividad te acompañe

«La imaginación es más importante que el conocimiento. Porque el conocimiento es limitado, mientras que la imaginación abarca el mundo entero, estimulando el progreso y dando origen a la evolución».

—ALBERT EINSTEIN

Mis momentos más inspiradores de creatividad han surgido mientras realizo algún tipo de actividad física intensa. En esos momentos, la mente deja de lado las preocupaciones del pasado y se conecta con las posibilidades infinitas del presente y del futuro. Cuando cambias tu estado físico, tu cuerpo produce sustancias químicas que te colocan en un estado mental positivo, encendiendo así tu creatividad y la generación de nuevos pensamientos y nuevas formas de hacer las cosas.

Una de las razones por las que hago ejercicio todos los días es porque he encontrado una fuente inagotable de creatividad y fuerza tanto en mi mente como en mi cuerpo, gracias a la producción de endorfinas. Las endorfinas son sustancias químicas que inducen un estado de bienestar y alegría en nuestro organismo. Estimulan partes del cerebro que

La imaginación es el precursor de la creatividad.

116

generan sentimientos de felicidad y alivian el dolor y la incomodidad, creando una intensa sensación de vitalidad.

La imaginación es el precursor de la creatividad. La imaginación te permite soñar con todas las cosas que son imposibles para la mente racional, y la creatividad te proporciona las ideas necesarias para convertir esos sueños en realidad en tu vida. En mi propia experiencia, cuando tengo esos pensamientos creativos e imaginativos, siento la necesidad de detenerme y escribirlos. Varias veces he dicho: «Cuando llegue a casa, los escribiré». ¿Y adivina qué sucede? ¡Se han ido! Cuando cambio mi estado físico, las sustancias químicas en mi cerebro dejan de fluir y la creatividad se desvanece.

Cambia tu estado físico

Si cambias tu condición física, puedes transformar tu estado emocional y, como consecuencia, cambiar tus resultados en la vida. En momentos difíciles, cuando te encuentras en una encrucijada, puedes utilizar esta técnica. En esos momentos en los que sientes que no puedes hacer algo, que estás muy lejos de alcanzar una meta o que pensamientos de escasez invaden tu mente, toma conciencia de cómo tu cuerpo físico se convierte en una representación de depresión.

La gente tiende a no querer moverse; a menudo desea esconderse de los demás y de la luz. Tu cuerpo se encoge, tus hombros se mueven hacia adentro, la cabeza baja y la respiración se vuelve lenta y superficial. Por lo tanto, si deseas romper este patrón de pobreza y depresión, la forma más fácil y rápida es cambiar tu estado físico a todo lo contrario. Comienza a saltar y correr, mueve los hombros hacia atrás, mira hacia arriba, abre los pulmones y respira profundamente.

Cuando realizas un cambio en tu estado físico, también transformarás la química de tu mente. Ésta es una técnica que siempre funciona, sin importar dónde, cuándo o con quién la lleves a cabo. Comienza a practicar contigo mismo y aprende a conocer tu cuerpo y a controlar tus emociones. Si deseas controlar tu vida, primero tienes que aprender a controlar tu mente. Sólo las personas ricas y poderosas controlan sus mentes y, por lo tanto, su destino.

Eres la persona más importante

Ahora bien, es fundamental hablar de la persona más importante de tu vida: tú mismo. Muchas personas se han olvidado de amarse a sí mismas y de reconocer su propio valor. Tienes que empezar a cuidarte mental, física, emocional, espiritual y socialmente. Muchas personas han escuchado el gran mandamiento de «amar a tu prójimo como a ti mismo», pero a menudo olvidan que para amar a los demás, primero deben amarse a sí mismos. Fuera de cualquier connotación religiosa, es crucial entender que eres la persona más importante en tu vida, y debes amarte a ti mismo todos los días.

Hay pasos prácticos que debes dar a diario para amarte a ti mismo lo suficiente como para poder lidiar con toda la negatividad que el mundo a veces presenta. El amor no es sólo una emoción; es todo lo que eres.

Desconéctate de tu teléfono antes de irte a la cama, y cuando te despiertes por la mañana, no vayas directamente a las redes sociales. Comienza el día buscando las cosas positivas en tu vida que te ayudarán a ser más creativo y proactivo. Escucha tus sentimientos; son como una brújula que te guiará a lo largo de la vida. Es hora de que empieces a hacer algo significativo por ti mismo. Comienza a hacer las cosas que realmente te hacen feliz. Deja de consumir programas de televisión que no contribuyen a tu bienestar o que te hacen sentir mal, incluso si son tus series favoritas. Deja de hablar de cosas terri-

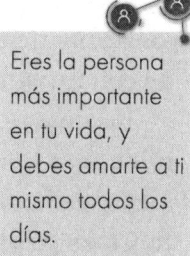

Eres la persona más importante en tu vida, y debes amarte a ti mismo todos los días.

bles que sucedieron en el pasado y comienza a hablar de cosas creativas y motivadoras que están por venir. Ríe, porque la risa puede curar muchas dolencias y enfermedades. Conéctate con la naturaleza y crea momentos felices con tu familia y amigos. Aprende a meditar y practícalo con regularidad.

Recuerda que eres la persona más importante en tu vida, y es tu responsabilidad cuidarte y amarte a ti mismo más que a nadie en el mundo. Sólo serás capaz de compartir amor con los demás en la medida en que realmente te des amor a ti mismo. Eres energía, y la energía se comunica a través de vibraciones. La forma en que vibras está relacionada con los sentimientos y emociones que acompañan tus pensamientos.

Conviértete en un networker millonario

Al llegar al final de este viaje, es fundamental reflexionar sobre el poder transformador que cada uno de nosotros posee. *El networker millonario* no sólo es un manual sobre estrategias y técnicas, sino que es un llamamiento a la acción, una invitación a despertar el potencial que llevamos dentro. A lo largo de estos capítulos, hemos explorado la importancia de cultivar una mentalidad millonaria, de conectar con los demás desde el corazón y de crear un negocio que resuene con nuestros sueños y aspiraciones.

Recuerda que el éxito en el Network Marketing no se mide únicamente por los resultados financieros, sino también por la calidad de las relaciones que construimos y el impacto positivo que generamos en la vida de los demás. Cada interacción es una oportunidad para inspirar, motivar y empoderar a quienes nos rodean. Al adoptar una mentalidad de crecimiento y mantener una actitud resiliente, no sólo te conviertes en un líder en tu comunidad, sino que también dejas una huella duradera en el mundo.

La meditación, la creatividad y el autoconocimiento son herramientas poderosas que te acompañarán en este viaje. Al aprender a cuidar de ti mismo y a amarte, puedes brindar amor y apoyo a los demás. La conexión personal y la autenticidad son claves en este negocio, y es a través de ellas como podrás abrir las puertas hacia un futuro lleno de posibilidades.

Te animo a que actúes con determinación, a que sigas soñando en grande y a que te conviertas en el arquitecto de tu propio destino. No hay límites para lo que puedes alcanzar cuando te comprometes con tu visión y trabajas con determinación.

Así que, mientras cierras este libro, recuerda que el camino hacia el éxito es un viaje continuo. Mantén la mente abierta, sigue aprendiendo y creciendo, y nunca subestimes el impacto que puedes tener en la vida de otros. La comunidad del Network Marketing te espera, y el mundo está listo para recibir tu luz. ¡Atrévete a brillar y conviértete en el networker millonario que siempre soñaste ser!

Notas

Notas

Notas

Notas

Índice